あなたの繊細さが愛おしい
マリリン・モンローという生き方

再生版

誰もがそれぞれ

つらい問題を抱えているわ。

胸をしめつけられるような問題を抱えながら、

それを周囲に知られないように

している人たちだっているのよ。

Marilyn Monroe

1926.6.1 - 1962.8.5

CINEMA

序章 「世紀のセックスシンボル」の知られざる涙

マリリン・モンロー。

五百年に一人、と言われる奇跡の女優。

人々は、その女優を「世紀のセックスシンボル」と呼ぶ。


そう、マリリンといえば、あの完璧なまでの肉体、「とろりとクリームをかけたような桃のよう」と形容された肌、ぽってりと濡れた唇、ベッドアイズ、甘やかな声、美しさを詫びるような微笑、はじけるユーモアのセンス、守ってあげたくなる、その儚い存在感。

「想像できるかぎり最高に女らしい女」マリリン。

世界中の人がマリリンに夢中になった。

そして彼女の死後も、その人気はまったく衰えないどころか「女神」と呼ばれるまでになっている。

二〇一一年六月のオークションで、マリリンが映画『七年目の浮気』で着た白いドレスが四六〇万ドル（約三億七千万円）で落札されて話題となった。地下鉄の換気孔からの風でスカートがふわりとひるがえる……と言えば、多くの人がイメージできる、ホルターネックの白いドレス。

この落札価格はグレース・ケリー、エリザベス・テイラー、マドンナたちのドレスとは桁が違っていて、マリリン・モンローという永遠のスターの、どうしようもない特別性を物語っている。

三十六年という短い人生。

その最期《さいご》はミステリアスで悲劇的だった。

それでも彼女はまちがいなく「大成功した女優」であり「超魅力的なセックスシンボル」であり続けている。これを否定する人はいないだろう。


けれど、どれほどの人が知っているだろうか。

マリリンが、その胸に抱えきれないほどの劣等感をもっていたことを。

マリリンが、とても繊細でとても傷つきやすかったことを。


劣等感。繊細さ。

これが「世紀のセックスシンボル」マリリン・モンローの人生を知る鍵《かぎ》だと言っていい。

そして、劣等感も繊細さも、一般的なイメージとしてはマイナスなのだろう。

けれど、これらを内包していたからこそ、マリリンは、あんなに魅力的で、独特の、儚い美しさをもつ人となった。

だとしたら、劣等感をもつことは、けっしてマイナスではない。むしろ美に通ずる。

劣等感。

これを克服するためにどれほどの努力をしたことか。

たとえば、マリリンには「教養」に対する劣等感があった。

高校中退という学歴、自分には教養がないことを恥じ、時間があれば本を読んだ。大学のオープンクラスにも通った。

マスコミにどんなに「頭の弱い女」としてあつかわれようとも、いつか人々から尊敬されるようになりたい、という目標を諦めなかった。

ラストインタビューでマリリンは言った。

「どうか私を冗談あつかいしないで」

これは彼女の、ほとんど悲鳴だ。

たとえば、マリリンには「生い立ち」に対する劣等感があった。

幼少期、誰にも愛されずに育ったということ、誰も自分のことを必要としていないという感覚は生涯、彼女にまとわりついて離れることはなかった。

だから愛を求めた。三度の結婚と離婚。多くの恋。どんなに失望し傷つこうとも、愛を求めることを諦めなかった。


たとえば、マリリンには「本格女優」ではないという劣等感があった。

だから人気絶頂のときに「頭の弱いセクシーなブロンド」から「本格女優」への転身をはかった。けれどこれが難しかった。なかなか認められなかった。それでも演技の勉強を続けた。よい女優になることを諦めなかった。


そして、なによりマリリンは、とても繊細な人だった。

どれほど生きにくかったことか。

周囲の人たちからの中傷、演技が評価されないこと、ひとつひとつに過敏に反応した。映画の撮影で、スタッフからすこしでも声を荒げられると、もうだめだった。その日は台無しになった。

同性愛差別や人種差別、マイノリティの人たちの苦しみに対して自分のことのように反応した。

世界紛争、そこで行われている残虐行為を考えると胸が切り刻まれるようになった。人間だけではない。動物、植物の命にも繊細すぎるほどに反応し、道ばたで犬が死んでいるのを見たりしたら、庭を整えるために野の花がなぎ倒されているのを見たりしたら、泣いて取り乱した。

「社会に適応（フィット）しにくい人たち」のことを「ミスフィッツ」と言う。マリリンは自分が、社会に適応しにくい人たちのひとり、「ミスフィッツ」だと自覚していた。最後の映画のタイトル、原題は「ザ・ミスフィッツ」、マリリンの当時の夫がマリリンをモデルに脚本を書いた。

マリリンは感受性が鋭敏すぎた、あまりにも繊細すぎた。けれど、残酷なことに、その性質が、あの唯一無二の儚い存在感を、演技を、生んだ。

だとしたら、とても繊細であることは、才能（ギフト）のひとつなのだ。


あんなに美しく魅力的なのに、劣等感でいっぱいで、とても繊細なマリリン。

私は、彼女が「生きにくい」と嘆きながらも、どんなに絶望しようとも、諦めることなく、真摯に生きた、その姿に惹かれる。

劣等感を克服し、すばらしい人間になろうとしていた、その姿に惹かれる。

なぜなら、人間の価値は「何年生きたか、何を達成したか」ではなく「どのように生きたのか、何をなそうとしていたのか」にある、と私は考えるからだ。

そして、そのまなざしでマリリンを見つめたとき、たまらなく愛おしいと思う。

たくさんの劣等感をかかえている人
とても繊細な人
「生きにくい」と嘆いている人
私はミスフィッツ、と感じている人
真の「女性」性（フェミニティ）を見たい人
愛し愛されたいけれど、うまくいかない人
マイノリティの人
不眠症の人
ひとりの人間として尊重されたいと願う人
どんなに過酷でも、その人生を諦めたくない人

そんな人たちに、ひとりの女としての、ひとりの人間としての、マリリン・モンローを伝えたい。

マリリンの有名な言葉のひとつに「夜は何を着て眠るの?」という質問への返答がある。

「シャネルの五番よ」と、マリリンは言った。

裸のからだにシャネルの五番だけをまとって眠るマリリン。

彼女の人生をともに歩いたとき、読者の方々に、ふわりと、マリリンの甘やかな香りが残ったなら、私はとても嬉しい。

1章

たいせつなのは、あなたがどんな人間なのか、ということ

ノーマ・ジーンの誕生

私は成長するにつれて、自分がほかの子と違うことに気づいたの。私の生活には両親からのキスもうれしい約束もなかったから。

マリリンは、親しくなった人や気に入った記者に生い立ちの話をするとき、「これを話すのはあなたがはじめてよ」と言った。これは相手にとって特別な存在になるために用いた方法のひとつで、たいていは実際よりも悲劇的に作りあげられていた。

私はほかの子が愛されるのを見ても、自分が同じように誰かに愛されるなどとは、夢にも思わなかった。だって、空想すらできないことだったから。

一九二六年六月一日、マリリン・モンローはロサンジェルスの総合病院で生まれた。マリリン・モンローとは芸名であり、本名はノーマ・ジーンという。マリリンの母親、グラディスは十五歳のときに結婚した相手との間に二人の子どもを産んだが離婚。子どもたちは夫の親戚に預けられた。再婚するがうまくいかず、映画会社でネガ・カッターとして働いていたとき、同僚の男性と出会い妊娠、マリリンを産んだ。マリリンの父親であるその男はグラディスの妊娠を知ると逃げてしまった。

私は父を知らない。幼いころ、父は事故で亡くなったと母が教えてくれたわ。

グラディスは生活のために働かなくてはならず「ノーマ・ジーン」と名づけた娘の養育を母親のデラ・モンローに頼んだ。

母グラディスも美しい人だった。マリリンと母親の貴重な一枚。

けれどマリリンの祖母であるデラは精神を病んでいて、マリリンが一歳になったばかりの頃、精神病院に入り、やがて亡くなった。マリリンは祖母の隣の家に預けられた。

一九三三年、マリリン七歳。母グラディスが引き取りにやってきて、母娘ふたりきりの生活がはじまった。けれどどこれはあまりにも短い幸せだった。なぜならグラディスも精神を病み精神病院に入れられたからだ。彼女はこの後四十年生きて社会復帰し、再婚もするが病が完全に癒《い》えることはなかった。

祖母も母も精神を病んだという事実、

狂気の血への恐怖は生涯にわたってマリリンを苦しめた。

母親が入院した後、母親の親友のグレースがマリリンの法律上の後見人《こうけんにん》となり、マリリンの面倒を見た。けれどグレース自身の恋愛や結婚の事情などによってマリリンと一緒に住むことができなくなった。

一九三五年九月、九歳。マリリンはロサンジェルスの孤児院に引き取られた。彼女は「ロサンジェルス　孤児の家」と書かれた看板を見た瞬間、泣き出した。

「私は孤児じゃない、私のママは死んでなんかいないわ、ただ病気で入院していて私の面倒を見られないだけなの、お願いだから私を孤児の家に入れないで！」

けれども願いは叶わなかった。

心引き裂かれる出来事を人はけっして忘れない。

突然、私の周りの世界が粉々になってしまったの。

グレースにとってもマリリンを孤児院に入れておくことはつらかった。

一九三七年六月、十一歳。グレースの配慮でマリリンは孤児院を出た。ところがグレース自身の結婚話が進行中だったため、マリリンを引き取ることができなかった。マリリンは養女としていくつかの里親のもとを転々とした。

小さな女の子が途方に暮れて淋しくて、
誰ひとり自分の面倒を見てくれないと感じる。
それは彼女が生きているかぎり、けっして忘れることのできない記憶なのよ。

マリリンは、不幸な生い立ちを誇張して話した。たとえば、養女として引き取られた回数について、実際は五回ほどであっても、「十一回か十二回。回数なんか思い出したくないわ」と言った。

マリリンが語る幼いころの思い出話には陰惨なエピソードが並ぶ。孤児院でのつらい仕打ち、里親から盗みの疑いをかけられたこと、そして、おぞましい体験。

それはある里親のもとでのことだった。マリリンは当時八歳。下宿人だった老経理士から「ゲーム」を強要された。「ゲーム」が終わり、マリリンは里親のところへ走ってゆき、老経理士のしたことを告げた。老経理士を尊敬していた里親は、嘘を言うなとマリリンを叱った。マリリンの言葉を信じれば、これがマリリンの処女喪失となるけれど、事実ではないらしい。事実か事実でないかより重要なのは、マリリンがこの事件を「語ったこと」だ。おそらくこれはいくつかの経験を寄せ集めて作った話であり、語り続けるなかでマリリンにとって真実となっていった。

本人にとっての真実は実際に起こったことのなかだけにあるわけではない。

通常ならば家族から与えられる「無条件の愛」、これを誰からも与えられていない冷たい感覚のなかで、少女マリリンは、ひたすら空想の世界に遊んだ。

白昼夢によって自分を元気づけたの。
私は自分が誰かの注意をひき、大勢の人に私を見つめさせて、
私の名前を呼ばせることを夢見て自分をなだめたの。

早熟な少女

少女時代は棒のように痩せていたからだが、初潮をむかえた十一歳ころから変わりはじめた。からだにぴったりしたセーターを着ると男性の視線が集まった。自分が「誰か」の注意をひいている！　嬉しい発見だった。より多くの人の注意をひくために、からだのラインがひきたつ服を着た。

一九三九年、十三歳。このころのマリリンの写真がある。とてもその年齢には見えない。胸もゆたかで大人の女性そのもの。自分より年上の男性とつきあう不良少女として地域では有名だった。

自分を欲しがる男性の腕のなかにいるとき、マリリンは自分の居場所が「いまここにある」感覚を得ることができた。たとえそれが持続しなくても、瞬間的なものではあっても、それをすればその感覚を得られた。だからマリリンは男性の腕に身を委《ゆだ》ねた。自分にふれたがる男性はマリリンにとって敵ではなく味方だった。

彼女は、自分の魅力について知りはじめていた。

十四歳のときから私は女たちを苛立たせる才能をもっていたの。
パーティーに行って一晩中、誰も私に話しかけてくれなかったということもあったわ。
男たちは、妻や恋人を怖れて私に近寄ろうとせず、
女たちは、部屋のすみにかたまって、私の危険性について語り合っているの。

里親のもとを転々とするなか、もっともマリリンが安らいだのは十代の前半、グレースの伯母の「アナおばさん」と暮らした時期だ。
アナは六十代の独身女性。貧しい生活だったが、マリリンはアナおばさんのことが好きだった。「私の生涯でもっとも大きな影響を受けた人」「こんなに深く人を愛したのは彼女だけ」と言っている。
アナはマリリンをゆったりと包容した。

あるときのエピソード。中学の同級生から貧しい服装のことでいじめられたマリリンは「心臓が壊れてしまうくらい激しく泣きじゃくりながら」走って家に帰った。アナは黙ってマリリンを腕に抱き、赤ちゃんにするように前後にゆすって言った。「本当にたいせつなことは、あなたがどんな人間なのかということ。だから心配しないで」。マリリンはアナの腕のなかで目を閉じて、その言葉を心に刻みつけた。

私が彼女のことを愛した理由のひとつは、彼女の哲学。
つまり人生に対する基本的な考え方、
「人生においていったい何が本当に重要なのか」
ということに対する彼女の理解だったの。

一九四一年九月、十五歳。高校に入学するものの翌年の二月に退学。理由は「反道徳的」なマリリンの異性関係にあった。

グレースとアナはマリリンの今後について相談した。

21歳の夫と16歳の妻。
マリリンの居場所として周囲が設定した結婚だった。

グレースは夫とともにロサンジェルスを離れることになっていた。アナはグレースに代わってマリリンの法律上の後見人になるには高齢すぎた。マリリンのことを想うグレースとアナにとって、孤児院に戻すことはもちろんほかの里親のもとへ送ることも不憫《ふびん》だった。彼女たちは「結婚」が唯一残された道だと考えた。グレースとアナはマリリンに、近所に住む家族の息子ジム・ドアティーとの結婚を勧めた。

再びそれは私にとって、自分が誰にも必要とされていないことを知る事件だったわ。

十六歳の幼な妻

ジムは二十一歳、ロッキード航空機製造会社で働いていた。高校時代はヒーロー的な存在で、マリリンから見れば憧れの先輩といったところだった。グレースからジムの母親に縁談がもちこまれた。ふたりは何ヶ月かデイトを重ねた。

一九四二年六月十九日、十六歳。マリリンはジムと結婚した。

時代は真珠湾攻撃による太平洋戦争勃発からほぼ半年後。戦時色が濃くなっていて、ジムも海軍基地に配属された。ロサンジェルスからすぐのサンタ・カタリナ島だった。マリリンも同行した。男たちばかりの世界で、マリリンは目立った。

夫は男たちが私に口笛を吹くと、嫉妬して苛立ったわ。彼は私の着る服の種類についてよくお説教したの。でも私、ほかの女の子たちと同じような服を着ていたのよ。

この結婚生活について、ジムは言う。

「彼女は僕にすっかり夢中になっていた。きわめて積極的な花嫁だった。どういう点からも、完全な花嫁だった。ただし、料理は別だったが」

マリリンは言う。

「ジムとの結婚は私にとって避難所だったわ。私たちの関係はセックスつきの友人みたいだったのよ」

やがてジムが海外勤務になり、ふたりは離ればなれになった。マリリンはレイディオ・プレーン社の工場で働きはじめた。主に飛行機の胴体の塗装をしていた。

一九四四年、十八歳。ある日、ハリウッドの陸軍報道部のカメラマン、デヴィット・カナヴァーが工場を訪れた。目的は「兵士たちの士気高揚のために、軍需工場で働く綺麗な娘たちの写真を撮る」ことだった。

マリリンの人生が大きく変わろうとしていた。

「私はどんな人間なのか」という問いを忘れない

マリリンには「言葉」に対するセンスがあり、それは後年、文学者たちとの交流や、マリリン自身、詩を書くことによってあらわれる。周囲から「不良少女」と呼ばれる生活をしていたマリリンはきちんとした教育を受けていない。そのことに劣等感をもち、本を読みはじめるのは、もっと後のことだ。それでも、マリリンは、「アナおばさん」の言葉を生涯忘れなかった。「本当にたいせつなことは、あなたがどんな人間なのかということ」。

偉人たちが数々の名言を残している。それに負けないくらいの名言が、平凡なひとりの人間の、必死で生きている生活のなかにある。必死で生きている人がそれを受け取り、人生をすくわれることもある。

マリリンは生涯にわたって「自分自身がどんな人間なのか」から目をそらさなかった。とくに名声を得てから、それを強く意識しはじめた。

2章

夢を叶えるには、抑えようのない情熱が必要なのよ

ピンナップガール

一九四四年、十八歳。

工場にやってきたカメラマン、デヴィット・カナヴァーは、たちまちマリリンを「発見」した。

「彼女のまなざしには、ゾクゾクするような魅力があった」

カナヴァーは工場で作業をするマリリンを撮った。「きみはモデルにむいている」。マリリンはカナヴァーに導かれてフリーランスのモデルになった。

やがてマリリンの写真がロサンジェルスのモデル・エージェントの目にとまった。

エージェントのエメリン・スナイブリーはマリリンのなかに光るものを見て、彼女を育てるためにモデル・スクールに通わせた。

マリリンはたちまちモデルとして成功した。セクシーなピンナップが売り物の雑誌に写真が掲載されるようになった。マリリンには当時人気のベティ・グレイブルやリタ・ヘイワースとは違った魅力、見る男性を欲情させるだけでなく、「心」をもとらえてしまうような魅力があった。

やがて十九歳になろうというマリリンは、みごとなからだをもっていた。ゆたかな胸、透き通るような白い肌、肩までの髪は茶色に近いカリフォルニア・ブロンド。

エージェントのスナイブリーは、マリリンに髪をブリーチすることを強く勧めた。

「成功するつもりならブロンドにしなくちゃだめよ」

最初は抵抗していたマリリンも、やがて言う通りにした。

なかなか私自身に慣れることができなかったわ。

それでもモデルの仕事はぐんと増えたの。
グラマーなポーズやセクシーな写真の仕事が、
私のところにたくさんくるようになったのよ。

ブロンドのほかにも、貴重なアドバイスがあった。
スナイブリーはマリリンに鼻と唇の距離について指摘し、魅力的に見せるために「上唇を下に伸ばす感じで笑ってみること」を提案した。
マリリンは鏡の前で練習を重ね、トレードマークとなったあの微笑を作り出した。上唇がわずかにふるえる、ぎこちない、守ってあげたくなるような、あの微笑。

モデルとして成功することで、マリリンは未来を夢見た。未来の世界へのパスポートを自分が手にしていることをマリリンは知っていた。それは「官能的な肉体」という名のパスポートだった。そしてマリリンが夢見た未来は「女優になること」だった。女優として多くの人から注目され、多くの人から愛されることだった。

女優になるために、離婚

女優になるためには、独身でいることが必要だった。夫のいる新人女優など誰も求めていなかった。

マリリンは弁護士を通じて上海にいるジムに離婚したい旨を伝えた。ジムは驚き、もう一度ふたりの結婚をやり直せるか試してみたい、と言ってきた。

そのとき私は自分が女優になりたいことをはっきりと知ったの。

マリリンの決意は固かった。離婚が成立した。

このころマリリンは、あてもなくハリウッドに出かけることがあった。ひとりで車の運転席に身をもたせ、女優を夢見た。

ハリウッドの星空を眺めながらよく思ったわ。私と同じように映画スターを夢見て、こうやってひとりぼっちですわっている子がたくさんいるんだわ、って。でもその子たちのことを可哀想なんて思わなかった。だって、いちばん大変なことを夢見ているのは、私なんだもの。

自分が夢見ていることを実現させることの困難をマリリンは承知していた。

「マリリン・モンロー」の誕生

やがてモデル・エージェントはマリリンをハリウッドに送りこんだ。二十世紀フォックスの社長ダリル・ザナックはスクリーン・テストのフィルムを見て契約することを決めた。

芸名について話し合いが行われた。配役担当のベン・ライアンは言った。

「君はマリリンだ！　昔、マリリン・ミラーという魅力的な女優さんがいたが、君はそっくりだよ」

「姓はどうするの？　私の祖母の本名がモンローだけど、これをもらいたいわ」

「いいね！　すっきりつながるじゃないか、Mが二つ重なるのもいい」

こうして、「マリリン・モンロー」が誕生した。

欲しいのは演技力だけ

マリリンは二十世紀フォックスが紹介した「演技工房」という俳優養成所に通いはじめた。誰よりも熱心に歌やダンスのレッスンに打ちこんだ。


自分が三流だっていうことは、よくわかっていたわ。

才能がないという実感もあった。

外側はともかく中身がだめなのよ。安っぽい下着をつけているみたいに。

だから、勉強したい気もちは凄かった。

自分を変えたかった、自分を豊かにしたかったの。

それ以外にはもう何もいらなかったわ。

男も、お金も、愛も。

欲しかったのは演技力だけ。


台本を見つけるとそれをもち帰って、ひと晩中勉強したの。

誰もいない舞台を見つけると、暗記したセリフを壁に向かって言ったりしたわ。


撮影所で開かれる試写会には必ず行ったわ。

そして「なぜある場面ではわくわくして面白いのに、別の場面はつまらないのか」と考えたりしたの。

映画についてのことならば、とにかくなんでも知りたいと思っていたのよ。

このころのマリリンと知り合った記者のシドニー・スコルスキーは、マリリンの「映画女優になりたい」という熱意に感動した人のひとりだった。

「何をもってしても、このマリリンを抑えることはできないだろうと思いました。気迫、決意、欲求、あれはもう抑えようがないほどのものでした」

ある人が私に「もしハリウッドのしかるべき人たちの五十パーセントがあなたは才能がないから止めたほうがいいと言ったら、あなたはどうする？」って訊ねたことがあるの。

私の答えはそのときもいまも変わらず、「もし百パーセントが私にそう言ったとしたら、その百パーセント全部が間違っているわ」。

知りたいのは映画のことだけではなかった。

マリリンには高校中退という学歴に対する強い劣等感があった。

「教養」に対する想いは、ほとんど熱病のように彼女の生涯を支配した。

このころからすでに、難解な作家の作品から詩、歴史書までむさぼるように乱読していた。エイブラハム・リンカーンを崇拝していて、写真を身近に飾っていた。

また、女優として美しいボディラインを保つためウエイトリフティングのトレーニングに加え、毎朝のジョギングを欠かさず実行していた。当時ジョギングをする人はまだ少なかった。『人体解剖学』を読んで、からだについて研究した。骨格のこと、筋肉のこと、そしてどのようなポーズをとればラインが美しく見えるのか、日夜努力を重ねた。

一九四七年、二十一歳。ようやくはじめての映画に出演した。青春映画『嵐の園』のワンシーンだったが大部分がカットされてしまい、友達ふたりとボートに乗っている遠景シーンだけが残された。

そしてはやくもマリリンは大きな挫折感を味わった。契約一年で二十世紀フォックスが彼女を解雇したのだ。社長のザナックの決断だった。

三十六年の生涯でもっとも貧しい数年間がはじまった。

仕事を得るためにしたこと

マリリンは諦めなかった。「演技工房」へ通い続けるためのお金と最低限の生活費のために、モデルの仕事と、それからときどきコールガールまでやった。「仕事を得る」ためにからだを使うこともあった。「仕事をしない人生を得る」ためではなく。

初期のマリリンは、こういったことを否定していたが、やがて語るようになった。「女優の卵がプロデューサーや配役担当と寝るのはよくある話なのよ」と。

からだを使って最初のチャンスをつかむ女優って多いのよ。
でも男の人と寝るだけではスターになれない。
もっと別の何かがいるの。

二十世紀フォックスの大物プロデューサー、ジョー・スケンクは、ごく初期のマリリンの力になった男だった。当時七十歳。

からだの関係もあったが、マリリンは彼の足もとに座って話を聞き、彼の顔をじっと眺めるのが好きだった。「ハリウッドの歴史が全部顔に刻まれているの」と、うっとりと友人に語った。

年配の男性って思いやりがあるし、知識も教養もあるわ。
私がつきあってきた人はそれぞれの分野で重要な地位にいる人ばかりで、
私の力になってくれたわ。

一九四八年、二十二歳。ジョー・スケンクの紹介でコロンビア映画と六ヵ月の契約を結んだ。

やがて『コーラスの女たち』への出演が決まった。セリフもあり、歌を二曲歌うことになっていた。歌のレッスンが必要になった。歌の先生は、コロンビアの音楽ディレクター、フレッド・カーガー。たちまち恋におちた。

はじめての激しい恋

フレッド・カーガーは、『地上《ここ》より永遠《とわ》に』の作曲で今日知られている。マリリンより十歳年上で、当時三十二歳。

マリリンには、好きになった相手の家族と親しくなる性質があった。家庭の香りにあこがれていた。カーガーの家族にもすぐにとけこみ、とくに彼の母親に対して愛情を注いだ。マリリンとカーガーは撮影所近くにふたりだけの部屋をもった。

私はこれまでの人生でずっと「私は愛されない人間なんだ」と思ってきたの。でも私の人生にはそれよりもっと悪いことがあったと、はじめて気がついたの。私自身、心から人を愛そうとしなかったのよ。

マリリンはカーガーを愛した。けれど関係は長くは続かなかった。その原因のひとつに、カーガーのマリリンに対する視線があった。

カーガーはマリリンを批判した。マリリンの考え方を、人生に対する姿勢を、批評して判断を下した。それは愛に対しても同じだった。たとえばこんなやりとり。

「君にとって人生で一番大切なものは何?」

「あなたよ」

「僕がいなくなったら?」

マリリンが涙を流す。

「君はすぐに泣く。頭のなかが成長していない証拠だよ。からだと比べて頭のほうは幼いんだから」

彼の愛は私の愛と違っていたわ。

決定的な原因となったのは、カーガーのひと言だった。

カーガーは結婚生活を清算していたから、いつでもマリリンと結婚できた。けれど彼は消極的だった。あるときその理由についてマリリンに語った。

「結婚については問題がないけれど、もし自分の身に何かあった場合、息子のことを考えなければいけないからね」

そしてマリリンを打ちのめすひと言を吐いた。

「息子が君のような女性に育てられたらたいへんだよ」

マリリンはカーガーと結婚して子どもを産みたかった。この言葉に傷ついた。

男の人は自分が蔑《さげす》んでいる女を愛することはできないのよ。

結局、何ヵ月もマリリンを避けたあと、カーガーは別の女優と結婚した。

一年にも満たない関係だった。それでもマリリンはカーガーへの想いを長く引きずった。カーガーにしてもマリリンという存在は強烈だった。彼はマリリンが亡くなってから十七年後、奇しくも同じ日、八月五日に亡くなっている。

教えてくれるだけでいいの

カーガーとほぼ同時期、マリリンは、彼女の人生において重要な女性、ナターシャ・ライテスと出会っている。彼女はコロンビア映画の演技主任コーチ。ふたりは以後七年間、非常に親密な関係を続けた。ナターシャはマリリンを愛した。ふたりは一時期同性愛の関係にもあったが、マリリンは基本的には同性愛者ではなかった。

マリリンがナターシャに言ったセリフは、マリリンの人生において、何度も登場することになるセリフだった。それはもしかしたら「私を愛して」と同じくらいの頻度かもしれない。マリリンはナターシャに言った。

お願い、私を愛したりしないで。教えてくれるだけでいいの。

当時は同性愛に対する偏見は強かったから、ふたりの関係は周囲の好奇心を誘った。マリリン自身は同性愛そのものについては否定的ではなかったし、ゲイの友人たちも多かった。彼らを冷視する人々に対してマリリンは憤慨した。

レッテルよ、みんなレッテルを貼りたくてしかたないの。そうしておけば自分たちは安全だから。

そして、きっぱりと言いきった。

愛があればどんなセックスだって間違ってないのよ。

二十代前半、マリリンは、まだまだ教養がなかったかもしれない。けれども知性の絶対条件、「社会が決めた善悪から自由でいる精神」をもっていた。

ナターシャのもとで必死に演技を学び続けるマリリンに人生を一変させる大物との出会いが用意されていた。その男はマリリンを文字通り命がけで愛した。

愛する相手をジャッジしたとき愛は終わる

裁《ジャッジ》くという行為をマリリンは嫌った。善悪、価値の有無を判断することはもちろん必要、けれどそれを恋愛関係のなかにもちこむことは、マリリンにとって愛ではなかった。

マリリンはカーガーのことを瞬間つよく愛したけれど、愛し方が違う、という部分に本能的に反応していた。マリリンにとって愛はもっと熱く、絶対的なものだった。少なくとも蔑《さげす》みという感情とは無縁のものだった。

Message from Marilyn

自分に足りないものがあったなら必死で補う

マリリンは生涯にわたって、自分が教養に欠けた人間なのだという劣等感をもっていた。モデル時代も、有名女優となってからも、周囲が彼女に期待したのは、肉体だけのセックスシンボルだった。だからその路線を軽やかに歩むこともできた。

けれどマリリンは、周囲がセックスシンボルとしてのマリリン・モンローに熱中すればするほど内容の充実に力を注いだ。

会社がセクシーな新人女優として売り出そうとしていた時期に、すでに「演技力」に対して執念めいた熱意をもっていたことは、驚くべきことだ。

そんなマリリンのひたむきさ、一途さを、見抜ける人は見抜いていた。だから人生の場面場面でマリリンに手を差しのべる人が現れた。マリリンは計算してひたむきだったわけではない。ひたむきに「なりたい自分になる」ための努力を続けた結果として、彼女を助けたいという人々をひきつけたのだ。

3章 ◇◇◇ 愛以外の理由で結婚するなんて公平《フェア》じゃないわ

「モンローウォーク」の誕生

カーガーのレッスンの成果もあり、『コーラスの女たち』で、はじめてマリリンのことが映画雑誌の記事になった。なのに、コロンビア映画はマリリンの契約を更新しなかった。

マリリンはモデルやショーのアシスタントなどをすることで、なんとか生活しながら、映画への出演にチャレンジし続けた。

そして、マルクス兄弟主演の映画『ラヴ・ハッピー』のオーディションに合格した。ある男のほうへ色っぽく歩きながら近づいて行って「助けて。男の人があとをついてくるの」と言う「セクシーなブロンド」の役だった。この役のためにマリリンは歩き方を研究。ハイヒールの踵《かかと》を片方だけ一センチ弱短くすることを思いついた。ヒップを振って歩く「モンローウォーク」が生まれた。
「モンローウォーク」について問われるといつもこう答えて周囲を楽しませた。

私は生まれて六ヵ月のときからこんなふうに歩き続けているわ。

映画はわずか九十秒の出演だった。けれど、マリリンの「甘やかな存在」が、ハリウッドのスーパー・エージェント、ジョニー・ハイドの目にとまった。
ジョニー・ハイド。命がけでマリリンをスターにした男だった。

マリリン・モンローを創った男

一九四九年、二十三歳。マリリンはジョニー・ハイドと出逢った。彼は外見は身長一六〇センチと小柄だったが、ハリウッドで絶大な影響力をもつエージェントのひとりだった。当時五十三歳、マリリンより三十歳年上。莫大な資産家で、家庭もあった。

人生の成功を絵に描いたような男だった。ただ、心臓に欠陥があった。マリリンに会ったときは、余命一年半だった。ハイドは余生をマリリンに捧げた。

『ラヴ・ハッピー』でマリリンを「発見」したハイドから声をかけられたとき、マリリンはすっかり弱気になっていた。カーガーへの未練が断ち切れず、女優としての未来も見えず、生活はどん底。ハイドはそんなマリリンの話に親身に耳を傾けた。マリリンはハイドと一緒にいると安らいだ。

ハイドはマリリンを愛した。そして愛する人をスターにしようと決意し、マリリンに向かって「予言」した。

「きみはすばらしい女優になるんだよ」

歯列矯正、顎の形をよくする美容整形手術、専属の美容師もつけた。

ハイドは「女性美」に対する意識が並はずれて強かった。その彼が仕事としてではなく、強い愛情から、ひとりの美しい人をより美しくすべく情熱を注いだのだ。

ハイドはさらに毎晩マリリンを連れて出歩き、有名人や実力者に「マリリン・モンロー」を売りこんだ。出演させる映画も注意深く選んだ。端役《はやく》であってもマリリンのキャリアになる質の高い映画を選んだ。

最初にハイドが出演させた映画がジョン・ヒューストン監督の『アスファルト・ジャングル』。

一九五〇年六月、二十四歳。映画が公開され、評判になった。ハイドの狙い通りマリリンは注目された。「あのブロンドは誰?」と観客は身を乗り出した。映画批評も好意的で、『タイム』までが「あざやかな演技」と賞賛した。

次にハイドは二十世紀フォックスの『イヴの総《すべ》て』に出演させた。この映画のラッシュをみた社長のダリル・ザナックはマリリンと再び契約することにした。今度は七年の契約だった。

命がけのプロポーズ

ジョニー・ハイドは自らが創りあげた「マリリン・モンロー」に夢中になった。いまや彼にとってマリリンは人生のすべてだった。

ハイドは三十年におよぶ結婚を解消した。元女優の美しい妻と四人の息子よりもマリリンひとりを選んだ。ハイド夫人は離婚訴訟を起こした。ハイドは元妻に豪邸を買い与えた。そしてハイド自身も豪邸を購入し、マリリンにプロポーズした。

けれどマリリンは「イエス」とは言わなかった。

大好きよ。
でも愛していないの。
だから結婚なんて公平《フェア》じゃないわ。

ハイドとの結婚を勧める友人が訊《たず》ねた。

「なぜ結婚しないの？　彼との結婚でいったいあなたは何を失うというの？」

マリリンは答えた。

「私自身」


私が結婚するのはたったひとつの理由からよ。

それは、愛。


ハイドはマリリンを売り出すためにますます精力的に動いた。

けれど心臓のほうは悪化するばかりだった。狭心症の発作から心筋梗塞を起こす危険な症状があらわれた。余命いくばくもないことを悟ったハイドは、なんとかしてマリリンに自分の財産を譲ろうとした。確実な方法はマリリンと結婚することだった。ハイドはマリリンに何度も言った。

「僕に恋愛感情がなくてもかまわないから結婚しよう」

ハイドはただ彼女を守りたかった。

けれどマリリンからしてみれば、日に日に弱ってゆくハイドと結婚することは、財産と結婚することを意味した。マリリンにはどうしても、それができなかった。

ふたたび、ひとりきり

一九五〇年十二月十八日、ジョニー・ハイドは心臓発作を起こし病院に運ばれた。

マリリンは病院に駆けつけた。

「彼はよく言っていたわ。もし自分が発作を起こして倒れたら、すぐに駆けつけて抱きしめてくれって。そうしたら自分の命は助かるからって。だから私、そうしてみたの。でも、だめだった」

ハイドは亡くなった。ハイドの家族はマリリンを追い払い、葬儀にも出ないようにと言った。けれどマリリンは彼らに挑むように参列した。そして柩《ひつぎ》の上に泣き崩れ、何度もハイドの名を呼び、「あなた、起きて」と懇願した。

ジョニー・ハイドの献身はマリリンを感動させた。彼によってはじめてマリリンはたいせつに扱われる幸せを味わった。ハイドはマリリンただひとりに、ひたすら心からの関心を寄せていた。

私にはおつきあいした人がたくさんいるわ。
意味わかるでしょ、おつきあいって。
だけどおつきあいをしたハリウッドの有力者なんて誰ひとり、私のためには何ひとつしてくれなかったわ。ジョニーだけが別だったの。
彼だけは私を信じてくれた。

そういえばハイドはよく言っていた。「僕を救えるのはきみだけなんだ」と。結婚を承諾していれば、彼は死ななかったかもしれない。マリリンは自分を責めた。

葬儀の数日後、ナターシャ・ライテスが帰宅すると、机の上にマリリンの手紙があった。「車と毛皮はナターシャに贈るわ」。

部屋に飛び込むと、マリリンが裸でベッドに倒れ、頬はパンパンに膨らんでいた。口いっぱいに睡眠薬をほおばり、薬が口のなかで溶けるのを待って、少しずつ飲み下そうとしていた。

十九歳までに二度自殺未遂があった、というマリリンの言葉を信じればこれが三度目の自殺未遂。まだ二十四歳だった。

大衆は、彼女を見逃さない

一九五一年、二十五歳。ジョニー・ハイドは心から愛したマリリンに二十世紀フォックスとの七年契約というプレゼントを遺して逝った。けれど、『イヴの総て』成功後も社長のダリル・ザナックはマリリンを評価せず、大した映画に出さなかった。

それでも大衆はマリリンの魅力に敏感に反応しはじめていた。端役《はやく》ではあってもマリリンが出演した映画にファンレターが殺到した。雑誌に掲載された写真はいずれも人気で、ドイツ駐留のアメリカ軍基地では「一九五一年ミス・ピンナップ」に選ばれた。

この人気に社長のザナックも動いた。マリリンの出演料をアップし、もっと彼女を出演させるよう指令を出した。

この年、ほかの新人女優たちとともに『ライフ』に掲載された。アメリカでも一流の大雑誌『ルック』の表紙を飾った。『コリアー』で「ハリウッドの一九五一年のモデル・ブロンド」に選ばれた。

マリリン・モンローの人気は高まるばかりだった。

ヌードカレンダー事件

一九五二年、二十六歳。年明け早々から、マリリンがヌードカレンダーのモデルになったという噂がハリウッドに広がった。会社の宣伝部はあわててマリリンに真偽を訊ねた。マリリンは答えた。「それは私よ」。

三年前に撮った写真だった。もっとも生活が苦しかった時代。車まで金融会社に持っていかれてしまった。

マリリンはカメラマンのトム・ケリーに電話をした。以前から何度も「ヌードを撮らせてほしい」と言われていたからだ。ずっと断っていたけれど、もはや死活問題だった。トムの妻も撮影に同席することを条件に撮影に臨んだ。

一九四九年五月のことだった。マリリンは真紅のベルベッドの上に裸体をさらした。のちに史上もっとも有名なヌードカレンダーのひとつになるとは思いもせずに。そしてわずか五十ドルを受け取り、そのお金で車を取り戻した。

会社の宣伝部はこの話を聞いて絶望的になった。当時は女優がヌードになるなんて考えられなかった。スキャンダルだった。マスコミ関係者が二十世紀フォックスに押しかけ、撮影所はパニック状態となった。会社の有力者はマリリンに言った。とにかくヌードになったことを否定するように。

けれどマリリンはこれに従わなかった。新聞にマリリンの「告白」が掲載された。

そこには人々の心にうったえかけるものがあった。

まず、マリリンはヌードになったことを堂々と認めていた。そして言い訳めいたことを言わなかった。ヌードになった理由として、「飢えていたからよ」と言いきった。

そして「会社からはヌードになったことは認めるな、と言われたけれど、それは自分の考えと違う」と明言した。なかでもこのセリフが強い印象を与えた。

私、嘘はつきたくなかったの。何も悪いことなんてしていないもの。

ヌードになったことは愚かな過ちだったかもしれない。けれど、会社に抗《あらが》ってまで正直であろうとしたその姿勢に、人々は感動した。

ヌードカレンダーの噂からはじまるすべてのことはマリリンが取り巻きと仕組んだことだ、と見る人もいる。真実がどうであれ確かなのは、マリリンはヌードカレンダー事件で自らの伝説を創りあげたということだ。

一九五二年四月、マリリンの写真が権威ある『ライフ』の表紙を飾った。

まもなく、別の噂が広まった。マリリンの生い立ちについての噂だった。社長のザナックは調査をし、マリリンに確かめた。

「君の母親は精神病院にいるということだが、本当か？」

「私は母を知らないの。母は何年間も精神を病んで州の病院に入っているの。私は里親のもとを転々としながら大きくなったの」

この話もやがて大衆の知るところとなった。それは人々の保護本能にうったえかけ、興味と愛情をかきたてた。ヌードカレンダー事件と合わせて、マリリンは注目の的となった。

マリリンは、ヌードカレンダー事件ですべての「男たち」の情欲の対象となった。マリリンは、ヌードカレンダー事件に対する正直な対応と哀れな生い立ちとで、普通ならば敵に回るはずの「女たち」の同情をも集めた。

こうしてマリリンはスターになった。

この件に関する一連のインタビューのなかから後世に残る名言も生まれた。

ある記者が撮影のときのマリリンがヌードであったことを承知の上で、「何を着ていましたか」と訊ねた。マリリンは「ラジオよ」と答えた。

英語のONが服を「着る」という意味でもラジオを「つける」意味でも使われることにかけた、ウイットある答えだった。

「プレイメイト」をつくったマリリン

カレンダー事件のおよそ一年半後の一九五三年十二月。『プレイボーイ』が創刊された。この記念すべき創刊号の表紙はマリリンだった。陰りのない笑顔でこちらに向かって大きく手を振っているマリリン。そしてグラビアページに、カレンダーに使われた例のヌード写真が掲載された。

当時は無名だった若き編集者ヒュー・ヘフナーが、マリリンがブレイクする前に五百ドルで買い取っていたのだ。創刊号にマリリンをもってきたことと合わせてヒュー・ヘフナーの非凡な才能を物語っている。

ずっと後になってヒュー・ヘフナーは語っている。

「雑誌の創刊を準備していた夏だった。芸術的なヌード写真を探してカレンダー製作会社を訪ねた。そしてあの写真に出会った。たった五百ドルで写真の権利を譲ってくれたよ。これがプレイメイトのはじまりだった。

彼女の凄いところは多くの人の象徴だったことだ。ときにアメリカ神話に見立てられた。さまざまな人が彼女のなかに自分を見ていた。フェミニズムの象徴として利用もされた。彼女は性の解放の象徴であり、犠牲の象徴でもあった」

ヌード・カレンダー事件で話題になっていたころ。
映画では撮影恐怖症でも、写真撮影は好きだった。
カメラマンは自分の味方だと思っていた。
そして最高の写真を撮られるために、
挑発したりリラックスするためにさまざまな工夫をした。
そういう才能もあった。

愛とお金を同一視しない品性をもつ

ジョニー・ハイドは「愛していなくてもいいから、なんでもいいから、あなたに財産を残したいから書類上だけでも結婚してくれ」とマリリンに言った。生活に困っていたマリリンにとってそれを受け入れることのほうが自然だったはずだ。けれどマリリンにはそれができなかった。「あなたはいったい何を失うの?」という問いに対する答えには、財産のために結婚などしたら「私自身を失う」という自尊心が強く存在する。どんなに慕っていても、恋愛感情のない相手と結婚などできない。

だからこそハイドはマリリンを死ぬほどに愛したのかもしれなかった。ハイドの周囲に群がっていた女たちと、マリリンは決定的に違っていた。

マリリンには生涯を通じて物欲というものがなく、金銭に対する執着もなかった。打算の結婚などというものは、彼女の辞書になかった。

Message from Marilyn

悪くないと思っているなら、それを恥じる必要はない

ヌードカレンダーについては、計画的なスキャンダルだった、という見方もあるけれど、基本的にマリリンは悪びれなかった。当時は生き抜くために、わずかでもお金が必要だった。そのためにヌードモデルになったことの何がいけないの？　という「問い」は心の底から発せられているように思える。

ここにもマリリンの、世間一般のモラルに毒されることのない、独自のモラルがある。これを貫き通すのは大変なことだ。だからマリリンは生きるのが大変だった。「ヌードモデル＝悪」と断定する世間との闘い、これに類似した闘いは生涯にわたって続いた。マリリンがつねに「なぜ、いけないの？」という幼な子のような素朴な、けれど本質的な問いかけをもっていたからだった。

けれどそれが結局、世間の心ある人たちの共感を得た。悪くないと思っているなら、それを恥じることはない。ましてや、嘘をつく必要などない。マリリンのように。自分でそれを悪くないと思うのなら、悪びれずにいればいい。

CINEMA

『イヴの総て』

作品賞をはじめ、一九五〇年度のアカデミー賞で六部門に輝いた。マリリンは女優の卵の役で、端役ではあったが、ベティ・デイヴィス、ジョージ・サンダースら大物のなかで好演し評価された。

この撮影はマリリンにとってきつかった。最大の試練はベティ・デイヴィス。この大女優は手厳しかった。慣れないマリリンはデイヴィスと絡むシーンがある日は、嘔吐してしまうほどに緊張していた。

マリリンに面と向かってこう言ったこともある。

「私も、あなた自身も、まわりの全員も知っていることですけれどね、あなたの子猫みたいな声って最低最悪よ。あなた、本物の女優としての勉強をしてこなかったのね。演技の勉強をしていないだなんて、恥さらしもいいところなのよ」

マリリンは涙と、嘔吐をこらえるのに必死だった。しかし、辛辣な物言いはデイヴィスの性質だった。この大女優は、マリリンの素質を見抜いていた。晩年に出演したトークショーで、自分はマリリン・モンローのなかに何かあるのがわか

『イヴの総て』。ほんの少しの登場でもスクリーンが輝いた。
向かって左が大女優ベティ・デイヴィス。

ったし、いつかは大スターになると思ったと語っている。

映画が評判になっただけに、この役の印象は強く人々のなかに残った。それは、「頭の弱いセクシーなブロンド」というイメージだった。

4章 ◇◇◇ 私は女だから、女であることが何よりもたいせつなの

お腹に貼りつけられたメモ

一九五二年、二十六歳。『モンキー・ビジネス』撮影中に、盲腸炎で入院した。病院の看護婦たちは聞えよがしに言った。「マリリンってほんとうに全部ブロンドなのかしら」。マリリンはこれを聞いて以後、全身のヘアをブリーチした。

手術の直前、マリリンは自分の腹部に一枚の紙を貼りつけた。それは鉛筆の走り書きのメモで、ところどころラインで強調されていた。

「とても重要なことです。手術の前に必ず読んでください。

親愛なるお医者さまへ

切るのは最小限にお願いします。虚栄心が強いと思われるでしょうけれども、大事なことなのです。私は女だから、女であることが何よりも私にとってたいせつなことなのです。どうか、(うまくいえないけど)できるだけ上手に切ってください。あなたにもお子さんがいらっしゃれば、この、せつない願いをきっとわかってくださいますね。お願いします、先生。きっと大丈夫ですよね! マリリン・モンロー」

自然でおおらかなセクシーさ

マリリンはおそらく、誰よりも自分自身の魅力というものを知っていた。女優として人気が出はじめたころには、レストランに行くときには身体にぴったりした、胸もとが大きくあいたドレスを着た。カメラのフラッシュが浴びせられるとセクシーな表情でポーズをとった。

女たちの嫉妬をどんなに浴びてもマリリンは自分のやり方を変えなかった。大衆の憧れのセックスシンボルとして、存在し続けることが必要なのだと知っていた。

ほかの女の人たちには申し訳なかったけれど、自分の夢を実現するまでの道のりは長くて、そこにたどり着くために、私はたくさん、アピールする必要があったの。

そしてマリリンは、当時のほかのハリウッド女優とは違うアピールをした。コルセットやガードルで肉体の魅力を強調しなかった。マリリンはこれを拒否した。マリリンはもともと裸でいるのが好きだった。下着も嫌った。

セックスは自然の一部よ。私は自然にしたがうわ。

この有名な言葉をふんわりとまとって、マリリンは自分のセクシーさを、おおらかに、にこやかに見せつけた。

美《ビューティー》と女らしさ《フェミニティ》は年齢と関係がないものだし、作ろうとして作れるものではないと思うの。

そして、魅力《グラマー》は、こんなことを言うと、その専門の人たちは困るでしょうけれど、人為的に作りだせるようなものではないと思うの。

ほんとうの魅力《グラマー》は女らしさ《フェミニティ》によって生まれるものよ。

セックスアピールは自然にその人の内部から輝き出るような場合にしか魅力にならないのに、多くの女の人たちが間違っているわ。

私たちはみんなセクシャルな創造物として生まれてきたの。

とってもありがたいことよ。

でもこの自然の贈り物を、たくさんの人たちが蔑《さげす》んだり、逆に夢中になったりしていることが残念。

真の芸術は、この贈り物からできているのに。

なにもかも、そうなのに。

安心するために、それをするの

とはいえ、セクシーな魅力をふりまくのは、仕事のためだけでもなかった。

マリリンは初対面の男性を前にしたとき、相手が自分に欲望を感じているとわかったときだけリラックスして安心できた。だからまず、相手の気持ちをそそった。そしてその才能は比類なきものだった。

有名な映画監督のビリー・ワイルダーは言っている。

「マリリン・モンローの魅力の秘密はきっと、男たちに対して、俺にもチャンスがあるぞ、と思わせることだろう」

まさに、これがマリリンの大きな魅力だった。そしてマリリン自身も言っている。

もし相手が自分の友だちだと思ったら、私は男にも女にも、彼らのしたいことをさせてあげるの。

衣装デザイナーのビリー・トラヴィアはわずかな期間、このころのマリリンと親密な関係になった。最初に衣装を担当したのが『紳士は金髪がお好き』。

「成熟した女でありながら、まるで子どもなんです。膝の上に抱いて頭を撫でてやったらいいのか、腕をとってベッドへ連れこんだらいいのか、男は迷ってしまう」

「ろくに学校も出ていないのにやたらに頭がいい、しかも子どものように何をしでかすかわからない。おまけに人を思い通りに動かす手練手管《てれんてくだ》を心得ている」

ほかの多くの女優と同じようにマリリンも衣装についての意見を言いにトラヴィアのオフィスを訪れることがあった。マリリンのクレームは独特だった。

「いつも涙を浮かべて唇をふるわせるんです。あの唇！　男にはぜったい抵抗できない。あんなベイビーを泣かせるわけにはいきませんでした」

「あの目で見つめられると、男は自分が魅力的なのだと思えてくる。マリリンは男に、俺こそ彼女にとってすべてなんだ！　と思わせる才能をもっていました」

レンズの期待を超えている女優

マリリンはもともと美しかったけれど、さらなる美を求めて努力を続けた。前述したウエイトリフティング、ジョギング、骨格の勉強などもそうだが、メイクについても、自分自身で研究を重ねて徹底的に作りこんだ。

私の顔は自由自在にどんなふうにもなるわ。
真っ白な紙の上に思いどおりの絵を描くみたいに。

唇に完璧なカーブとシェードをつけるために口紅を五、六種類使った。セクシーだと納得するまで続けた。濡れてぽってりとしたマリリン・モンローの唇になるまでけっして妥協しなかった。マリリンの唇は本当は薄かった。丸い鼻を気にしていたから、ノーズ・シャドウにもたっぷり時間をかけた。

そして、完璧になったところで、カメラの前に立った。

マリリンはメイクが好きだったし、
完璧な「マリリン・モンロー」になるためにメイクには時間をかけた。
納得できるまではカメラの前に立たなかった。

映画監督たちはマリリンの身勝手なふるまいに腹を立てた人も多かったが、写真家はたいてい、マリリンを畏敬していた。
「彼女はカメラの前にいるときのほうが、カメラから離れているときよりもくつろいでいました。彼女は徹底的に創造的でした。自分がしていることの意味を深く追い求めて、最大の成果を得ようと努めていたのです」（リチャード・アヴェドン）
「彼女を下手に写すなんて、しようと思ってもできない。写される心構えができたとき、彼女はもうレンズの期待を超えているのですから」（インゲ・モラス）
たとえばセクシーなスチール写真を撮ろうというとき、マリリンは近くにいる親しいスタッフに低い声でささやいた。「なにかエロティックなことを言って」。
彼らがそれに応じる。マリリンは「ファック・ミー」など、セクシャルな言葉をささやきながら、レンズに挑む。スタジオにシャッター音が響き渡る。だからマリリンの写真はあれほどまでに魅力的なのだ。
当時、マリリンの演技指導をしたマイケル・チェーホフ（劇作家チェーホフの甥）は、マリリンには「セックスのバイブレーション」があり、それは彼女が意識しなくても彼女から出てくるものなのだ、と言っている。

それが、たしかにマリリンの人気であり才能でもあった。けれど同時に、演技のできる女優として認められることを邪魔してもいた。

すでにマリリンのなかにこの葛藤はあった。だから、セックスシンボルとして存在する一方で、教養を身につけ、自分を磨き、豊かになりたいという欲望が弱まることはなかった。むしろ強まる一方だった。

UCLA（カリフォルニア大学ロサンジェルス校）一般課外講座の聴講生となったこともある。専攻は、ルネサンスの文学と美術鑑賞。周囲の人々は彼女がリルケの詩集やプルーストの小説を熱心に読んでいるところを目にした。

グローマンズ・チャイニーズ・シアター

一九五三年、二十七歳。公開された『ナイアガラ』は大ヒットした。

今やマリリンは大スターだった。毎週五千通ものファンレターが殺到し、かつてマレーネ・ディートリッヒが使っていた豪華な楽屋が与えられた。

一九五三年六月、ハリウッド大通りにあるチャイニーズ・シアター正面歩道。マリリンは大勢の人々が見守るなか、花火のようなカメラのフラッシュをあびて、打ったばかりのセメントに両手と靴の形を残し、サインを入れた。『紳士は金髪がお好き』で共演したジェーン・ラッセルが一緒だった。

ここに名を残せるのは選ばれた人だけだった。これはマリリンが大スターの仲間入りをしたことが公表された重要なイヴェントだった。

マリリンの不安と遅刻癖

ラッセルとマリリンは仲が良かった。そしてラッセルは、成功の絶頂にいるマリリンが、世界で最も華麗で挑発的な女優マリリンが、絶えず不安にさいなまれていることに気づいていた。周囲の人も気づきはじめていた。

不安が原因のマリリンの遅刻癖は、やがて彼女の伝説となる。

家を出るのが遅れるのではない。マリリンはみんなより先に撮影所入りして、リハーサルも済ませていた。すっかり用意ができているというのに、いざとなると不安に襲われてセットに出られない。そういう遅刻だった。

撮影恐怖症。きちんと演技ができるか不安で、その不安があまりにも大きなものだから、なかなかカメラの前に立てない。

このことを知ったラッセルはぎりぎりになったところでマリリンを迎えに行き、一緒にセット入りすることにしていた。

セットで少しでも批判めいた言葉をあびせられるとマリリンは激しく傷ついた。

たとえば俳優のトミー・ヌートンがマリリンとのキス・シーンのあとで、「掃除機に吸いこまれるみたいなキスだよ」と言ったのを聞いてしまったマリリンは、たまらずに泣き出した。「彼女は本当に傷ついたのよ」とラッセルは言っている。マリリンはラッセルに言った。

どうしてみんな、あんなに残酷になれるのかしら。
どんなに残酷なことをしても、平気な顔をしている人たちばかり。

傷つきやすい自分の性格をよく知っていたマリリンは、自分をあたたかく支えてくれる人たちを、とてもたいせつにした。

メイク、ヘア・ドレッサー、演技指導者たち。いつでも彼らが自分のそばにいるように、彼らが外の世界から自分を守ってくれるように、愛情を表現した。折にふれて彼らに贈り物をしたのもそのひとつ。感謝の言葉とともに「愛をこめて。マリリン」と手書きのメッセージを必ず添えていた。

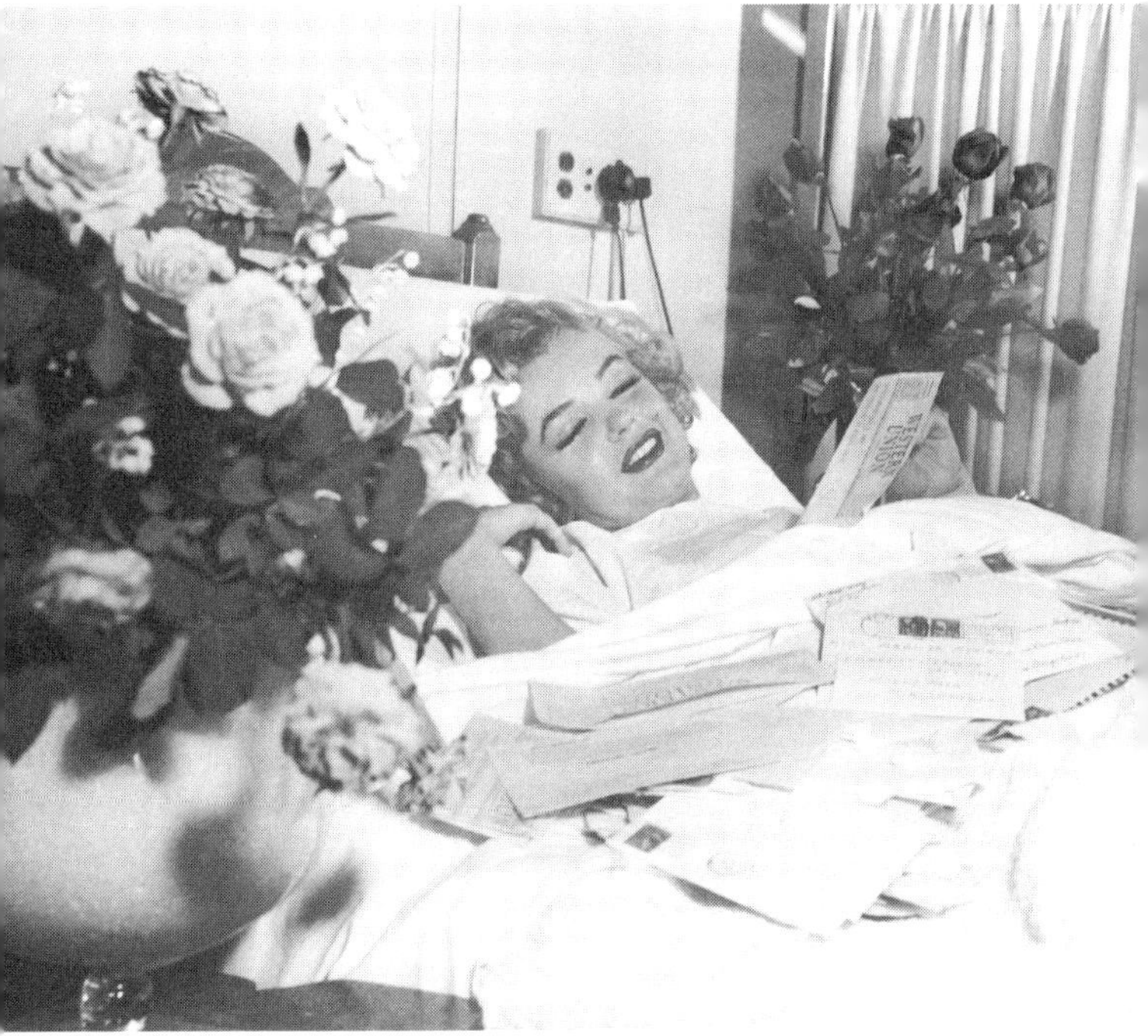

親しい人たちにはよく手紙を書いた。
手紙をもらうのも好きだった。
プレゼントを贈るときにも、必ず手書きのメッセージを添えた。
マリリンにとってそれらは愛を伝える行為だった。

「女性」という贈り物をたいせつに

盲腸炎の手術のときのメモには、「マリリン・モンロー」にとっていかに肉体が重要なのかという、悲壮なまでの意識がある。

けれど、セクシャルな肉体をもっていれば、セクシーな女になれるわけではない。マリリンのあの比類なき魅力、頭のてっぺんからつま先まですべてが「おんな」であるという信じ難い魅力をつくりだしたのは、彼女自身が言うように、やはり女らしさ《フェミニティ》だろう。

女であることを意識して、女であることを受け入れ、女であることを認めて、女として生きる。それを自然に行う。そのときはじめて、マリリンが言うように、女としての性が輝く。セックス・アピールがその人の内部から自然に輝き出て、魅力《グラマー》となる。

Message from Marilyn

最高のものを創りだすために最大限努力する

マリリンは、たしかに容姿にめぐまれていた。

けれど、そこにさらなる努力を重ねた。肉体の魅力を最大限に活かすために、あらゆることをした。

セクシーな写真が求められている撮影時に、からだの内側からそれがあふれでるように、セクシーな言葉を口にするのもそうだし、メイクに長い時間を費やすのもそうだ。骨格の研究も、メイクについても、その道のプロ以上だった。

その努力は並大抵のものではなかった。そしてつねに完璧な状態でカメラの前に立った。

甘い声と甘い表情、とろけるような肉体をもつ、プロフェッショナルだった。

『ナイアガラ』『紳士は金髪がお好き』『百万長者と結婚する方法』

『ナイアガラ』は、世界的な観光地を舞台にしたサスペンス。濃いピンクのドレスで歌を口ずさむシーン、シャワーを浴びるシーン、悪女の色気をまとったマリリンが見られる。そしてなんといってもこの映画を有名にしたのは「モンローウォーク」。

『ラヴ・ハッピー』のころからのものだが、『ナイアガラ』では、マリリンの後ろ姿をロングショットで長く見せるので「モンローウォーク」を堪能できる。

マリリンがスクリーンに姿を見せると、ほかのすべての名優たちが色褪せてしまう。『紳士は金髪がお好き』ではジェーン・ラッセルと共演したが、完全に彼女を食ってしまっている。また『百万長者と結婚する方法』では、マリリンが目標としていたベティ・グレイブル、貫禄あるローレン・バコールと共演したが、これでもまたマリリンがふたりを食ってしまっている。この映画では演技をするチャンスにめぐまれた。メガネがないとなにも見えない、天然ボケのド近眼の女性の役で、この映画でマリリンは、さらにファンを獲得した。マリリンが言うに

妖婦を演じた『ナイアガラ』。衣装もマリリンも輝くばかりに美しく圧倒される。

は、自分のセクシーな魅力をひけらかさなかったのはこの映画だけで、肉体的な魅力なしで自分自身の魅力をふんわり出したからだと言う。
　この三本でマリリンはスターの地位を不動のものにした。と同時にあるイメージが完全に定着した。『イヴの総て』の役からそれは彼女のイメージとなっていた。それは「マリリン・モンロー＝頭の弱いセクシーなブロンド」。

5章　結婚の鍵は、相手のどの部分を愛するかということ

アメリカのヒーロー、ジョー・ディマジオ

『ナイアガラ』、『紳士は金髪がお好き』、『百万長者と結婚する方法』と、続けざまに撮影をこなす一方で、マリリンは恋の話題をマスコミにふりまいていた。相手はジョー・ディマジオ。元ニューヨーク・ヤンキースの大打者でアメリカのヒーローだった。

ふたりが出逢ったのは、マリリンが二十六歳の年、盲腸炎の手術を終えたころだ。ディマジオは三十八歳、積極的なアプローチだった。野球に疎いマリリンはディマジオのことを知らなかった。

「騒がしいスポーツ選手に会うんだと思っていたの。でもグレーのタイにグレーのスー

ツ、髪もグレーがかった無口な男の人だったので嬉しくなっちゃった」

ディマジオは離婚経験があり、一人息子がいた。一九五一年、三十七歳で現役を引退、マリリンに会ったのはその翌年だった。彼は出逢いを運命的なものだと感じていた。

マリリンはマスコミに対してノーコメントで通したが、同じころ、こんなことを語っている。

私がこの世で何をおいても求めているものは、愛し愛されること。

若い人に魅力がないと言いたいわけじゃないけれど、男の人ってワインに似ているわ。寝かせれば寝かせるほどコクが出てくるの。

ふたりは結婚まで二年を費やしている。理由の大部分はマリリン側の問題だった。

マリリンの恋人たち

マリリンには同じころ、恋人と呼ぶべき男性が幾人かいた。

そのひとり、ニコ・ミナルドスはギリシャから来た美男の新人俳優で二十歳だった。マリリンがディマジオに出逢うより早くミナルドスとの関係ははじまっていた。

「彼女はほんとに綺麗な女性だった。起きぬけの素顔のままでも、それだけで華やいでいた。頭の回転も速かった。知的というより、むしろ鋭いといったほうがよかった。そのくせひどく感じやすい子どもみたいでね。もっとも男にはルーズなタイプだったけれど、僕はそりゃもう愛していたよ」

ロバート・スラッツァーは、マリリンが有名になる前からのつきあいだった。スラッツァーはライターで、マリリンの死後に『マリリン・モンロー　その人生と謎の死』を書き、非難された。なぜならそのなかで彼はマリリンと恋人同士であり、一度結婚したこともあると言っているからだ。

ほかにも軽いつきあいの男性が何人かいた。

そのなかで、立場的なバランスからいえば、つまり女優マリリン・モンローにふさわしい相手として考えれば、もっとも結婚が現実的だったのはディマジオだった。マリリンはディマジオの息子とも一緒に時間を過ごしているし、周囲から見れば何も問題はないように思えた。

けれど、マリリンは結婚を迷っていた。

ディマジオに隠れて恋人たちと密会を続けながら、迷っていた。ディマジオ以外の恋人たちはマリリンにはほかにも恋人がいることを知っていて、それを、苦しみながらも受け入れていた。ディマジオだけが例外だった。彼には許せなかった。

結婚への不安

ディマジオはとにかく嫉妬深かった。ほかの男の存在はもちろん、たとえばディナーの席で誰かがサインを求めたりするだけで嫉妬した。男女を問わずハリウッドでマリリンと親しい人々に対して手あたりしだいに嫉妬していた。

ディマジオはマリリンが肉体をさらすことを嫌悪した。マリリンらしいネックラインは、保守的なディマジオからすれば十センチも深かった。マリリンは彼と一緒のときは意識して、ひかえめな服装をした。

ディマジオは基本的に内気で、マスコミやきらびやかな世界が嫌いだった。そしてマリリンは、その世界の住人だった。根本的にふたりは違っていた。それを知っていたから、マリリンはディマジオとの結婚を大いに迷っていた。

妻を傷つけるような嫉妬は結婚生活にあってはいけないの。

ときどき嫉妬をしない結婚生活なんてひどく味気ないわ。
でも、嫉妬はステーキにかける塩のようなもの。
ほんのちょっと必要なだけ。

結婚を迷うマリリンにディマジオは必死にアプローチした。

たとえば、『紳士は金髪がお好き』の撮影に入ったクリスマスのこと。部屋に戻ったマリリンは驚いた。そこには小さなクリスマスツリーがあった。ツリーにかけたボードには「メリー・クリスマス、マリリン」と書いてあり、部屋の隅にはディマジオがいた。

私、クリスマスツリーをもらったなんて生まれてはじめてなの。うれしくて泣けてきちゃった。

一九五三年夏、二十七歳。ディマジオとの結婚を迷ったまま、マリリンは『帰らざる河』の撮影に入った。

この映画のあと、フランク・シナトラと共演で映画を撮るはずだったが、マリリンはシナリオが気に入らず、撮影所と揉《も》めた。

ディマジオが言った。

「ちょうどいい。仕事をしないでいるなら、さっそく結婚しよう。ちょうど野球の仕事で日本に行くことになっているから、これをハネムーンにしよう」

マリリンはこの言葉にうなずいた。

いろいろ話し合ったあげく、お互いを諦めるわけにはいかないのだから、結婚するしかないと決心したの。

結婚すると決めたらマリリンは夢いっぱいの表情になった。ディマジオとの十歳以上離れている年齢差について質問をされたときにもきっぱりと答えた。

愛情に年齢の壁はないわ。お互いに愛し合っていれば、その人が何歳だろうと私には関係ないの。

一九五四年一月十四日土曜日、二十七歳。サンフランシスコ市役所においてマリリンとディマジオは結婚の宣誓を行った。マリリンの服装は衿に白テンの毛皮がついた茶色のスーツ。肌の露出のない、ディマジオの好みだった。

ディマジオとの結婚式の日。シックなスーツ、衿には白テンの毛皮。
肌の露出はほどんどない。ディマジオの好みの服装だった。

市役所を出るとそこには大勢の人々が押し寄せていた。もみくちゃにされながらふたりにマイクがつきつけられ質問が浴びせられた。

「花嫁とふたりでこれから何をするつもりですか？」

「決まってるだろ」

「子どもの予定は？」

「一人は欲しいね、なに、一人は絶対さ」

余裕の表情で答えるディマジオの隣で、マリリンはうっとりと言った。

最高に幸せよ。

かわいい奥さんになりたい。

子どもは六人くらい欲しいわ。

パーム・スプリングスの友人の山荘で、ふたりきりで静かに過ごしたのち、ハネムーンへ旅立った。行き先は日本だった。

日本へのハネムーン

日本のプロ野球シーズンの開幕を飾るイヴェントにディマジオは招待されていた。彼は二年前に東京で「ディマジオ万歳！」の歓声のなか、現役選手として最後の試合に出た、日本人にとっては有名なアメリカ人だった。ヒーローだった。自分を迎える日本の熱狂に妻も驚き、夫を誇りに思うだろう、と考えていた。すでにアメリカではマリリン・モンロー以上の有名人はいなく、ディマジオでさえマリリンの隣ではかすんでいた。

ところが空港で新婚夫婦を出迎えたのは、マリリン・ファンの熱狂だった。それはマリリンが恐怖をいだくほどだった。滞在先の帝国ホテルでもファンが押し寄せ、数百人の警官が警備にあたらなければならなかった。マリリンはバルコニーから手を振ってファンの熱狂に応じた。

それでも日本滞在の十日間、マリリンはディマジオの脇役に徹した。服装もメイクもひかえめにして、あまり目立たないようにした。

それから夫を残して、ひとり旅立った。行き先は韓国だった。

慰問コンサート

アメリカ軍兵士の慰問の話をもちかけられたとき、マリリンは迷わなかった。ぜひやってみたいと思った。

韓国の最前線で、ステージに立ったマリリンは、肌もあらわなドレスに華奢なハイヒールというスタイルだった。気温は氷点下。

マリリンは、「マリリン・モンローの慰問」を楽しみにしていた兵士たちを失望させたくなかった。大歓声のなかで『ダイヤモンドは女のベストフレンド』『バイ・バイ・ベイビー』などを歌った。三日間、マリリンは兵士たちといっしょに軍の食堂で食事をし、作業服で歩きまわった。

世界中に伝えられたこのニュースは、人々に衝撃と感動を与えた。

のちにマリリンは言っている。

「この旅行が生涯でいちばん楽しい旅行だったわ」

あの慰問コンサートのときくらい、自分がスターなんだって思ったことはなかった。舞台の上から観客を眺めて、私に微笑む人がこんなにいるってことが、とてもすばらしかったのよ。

あのとき生まれてはじめて私は、自分が人々になんらかの影響を与えることができる、と感じたの。

無理がたたって高熱を出し、軽い肺炎と診断された。それでもマリリンは充実感でいっぱいだった。

けれどディマジオにとっては苦々しい事件だった。承諾していたとはいえ、ハネムーン中に自分を置いて行ったこと、そしてあのステージ衣装。

彼はハネムーンの最中に離婚するとおどしたのよ。

韓国、アメリカ兵たちの慰問コンサートのステージ。気温は氷点下。
それでもマリリンは兵士たちの期待に応えたいと、
肌もあらわなドレスとハイヒールで、お色気たっぷりに歌を披露した。
大スターであるはずのマリリンがはじめて
「自分が誰かの役に立っている」と実感できた忘れがたいステージ。

この日本滞在中に、マリリンはパールのネックレスを買った。ディマジオに買ってもらったのではなく、自分で買った。東京、日比谷のマトバ真珠宝石店で「シンプルなデザインが好き」と言って買った。物欲がなく、宝石など宝飾品にはほとんど興味を示さなかったマリリンにしては珍しいことだった。

なぜほかの店ではなくマトバで買ったのか、という質問にマリリンは答えた。

「上を目指している女性から買いたかったの」

パールといえばミキモト。マリリンより六歳年上のマトバ真珠宝石店の店主、的場テルは当時三十四歳。ミキモトに追いつけ追い越せと、必死で頑張っていた。マリリンはそういう女性を応援したかった。自分自身の姿を重ねていたに違いない。

絶望的な結婚生活

マリリンは知性に対する憧れがあり、知的欲求を満たすために本をたくさん読んだが、ディマジオは違った。時間があればテレビばかり見ていた。野球中継やボクシングの試合、映画といえば西部劇だけが好きだった。

ふたりのすれ違いを語るこんなエピソードがある。

ディマジオの誕生日に、マリリンはプレゼントとともに、「言葉」を贈った。

「真実の愛は、眼ではなく心で見えるものです。なぜなら眼は騙されることがあるからです」

『星の王子さま』の有名な一節だった。ディマジオはしばらくそれを眺めていたが、やがて顔をあげて言った。「どういう意味なんだ?」

それでもマリリンは幸せな結婚生活を維持しようとしていた。


私の考えでは、男と女はひとつの寝室を使うべきだと思うの。

人は眠っていて意識のないときだって、人のぬくもりがほしいものだから。


夫は一家の長。そして妻はいつも女であることを忘れちゃだめ。

私にはなんの権限もないけど、どうやって夫を支えるのか、って聞かれたら、こう答えるの。

しっかりしなさい、くじけちゃダメって。


私たちすべてうまくいってるわ。

生活は仕事よりもたいせつよ。

すべては幸せな結婚しだい。


けれど実情は違っていた。

ふたりは一緒に住みはじめてすぐに、互いに絶望的になっていた。生活、習慣、何もかも違いすぎた。

ディマジオは神経質なくらい清潔好きだった。そして、マリリンは天衣無縫《てんいむほう》だった。帰ってくるなり、ハンドバッグ、ブラウス、スカート、ストッキング、ブラジャーなど投げだしながら歩いた。脱ぎ捨てられたものをたどっていけばそこにマリリンがいる、といったかんじだった。ディマジオはマリリンをしつけようとしたが無理だった。

人間の性質って、どうしようもないところがあるみたい。

結婚って、結婚してみてはじめて、だんだんわかってくるものなのね。

唯一ふたりが満足したものが性生活だった。後年マリリンはトルーマン・カポーティーに言っている。

セックスだけのことでいえば、私たち、離婚しなかったわ。

マリリンは不感症気味だったと言う人もいるが、そのマリリンの生涯のなかで彼女を性的にもっとも満たしたのはディマジオだと言われている。

ひるがえるスカート

マリリンは休むことなく次の映画『七年目の浮気』の撮影に入った。ビリー・ワイルダー監督のお色気コメディ。

この映画のなかに離婚の引き金となった有名なシーンがあった。

地下鉄の換気孔から吹きあげる風がマリリンのスカートをひるがえす。白いドレスのマリリン。スカートがひるがえると、パンティと両足が奥までしっかりと見えた。無数のカメラのフラッシュがたかれた。その場にディマジオが到着した。群衆の視線を浴びて輝いている妻を見て彼は言った。

「これはいったいどういうことなんだ」

その晩、ふたりはホテルのスイートルームで大喧嘩をした。翌朝、マリリンは痣《あざ》だらけだった。ディマジオの暴力はこれがはじめてではなかった。

九ヵ月で離婚

それからおよそ一ヵ月後、十月六日の朝。二十八歳。ヘア・ドレッサーに髪を整えてもらいながらマリリンは泣いていた。「こんなことしたくないのに」と言いながら泣いていた。離婚会見をすることになっていた。マリリンは何度も言っていた。

私がいけなかったの。もっとあの人のことを愛してあげていたら。

信頼するメイク担当者に両目の周りの痣を隠してもらって、なんとか「マリリン・モンロー」に変身したマリリンは、弁護士とともに自宅玄関前に姿を見せた。
記者たちが殺到し、矢のような質問が浴びせられるなかでマリリンはかろうじてそこに立っていた。せっかくのメイクも涙でくずれ、足もとはふらついて、その哀れな様子は人々の同情をさそった。「これ以上お話しすることはありません」と言ったあと、何度も「こんなことになってしまって……」と繰り返していた。

離婚はしたものの、ふたりはきっぱりと別れたわけではなかった。ディマジオはマリリンに執着していた。マリリンを尾行し、マリリンがほかの男と逢っているところを襲おうとしたが部屋を間違えるという間抜けな事件を起こしたこともある。

そしてこの事件後も、ふたりは逢い続け、すこし離れたところでディマジオはマリリンを支えた。マリリンが亡くなる二年前のある期間は特に親密だった。マリリンが亡くなる最後の月には、自分のパジャマを贈った。「寝るときにあなたのパジャマを着ていたい」とマリリンが言ったからだ。

結婚はわずか九ヵ月で終わったし、ディマジオとマリリンの生活がぴったりと寄り添うことはなかった。けれどもふたりの間に愛がなかったという人は、ほとんどいない。マリリン自身も言っている。

あれほど愛した人はいないわ。

でも、あの人は女優としての私が嫌いで、けっして妥協してくれなかったの。

ディマジオはマリリンをつよく愛していた。その愛し方がどうだったのか、という問題とは別のところで、マリリンをつよく愛していた。

マリリンの葬儀をとりしきったのはディマジオだった。そして「週に二度、永遠に」マリリンの墓に薔薇の花を届けるようにしたのもディマジオだった。そしてけっしてマリリンのことをマスコミに語らなかった。マリリンの三人の夫のなかでマリリンについて語らなかったのはディマジオだけだ。

ある女性誌がマリリンとのことを話してくれたら五万ドル払うと言ってきたときにも即答した。

「世の中には金にかえられないものがある。それは愛の思い出だ」

結婚でたいせつなのは、相手の職業を愛せるかどうか

ふたりは愛し合っていたけれど、結婚生活はうまくいかなかった。「妻なのだから」「夫なのだから」という観念にしばられ、恋人同士であれば許容できることでも、夫婦であるということで許容できない、結婚にはそんな側面もある。

マリリンのような女優にとっては、ひとりでも多くの人に「見られ」、彼らを虜にし、セクシーな夢を見させることが「仕事」となる。

ディマジオもわかっていた。けれど、どうしても彼は女優としてのマリリンを応援することができなかった。

愛が強すぎたのかもしれない。強すぎる愛は愛していないのと同じことだとも考えられるが、結果としてディマジオは妻としてのマリリンを失うことになった。「彼は女優としての私が嫌いだった」とマリリンは言っている。マリリンを女優としても愛することができたなら、結果は違ったかもしれない。

自由でいたい。けれどひとりではいられない。それが私

マリリンはつねに複数の恋人をもった。愛情の強さ弱さはあるけれど、いつも複数の男たちがいた。これにはいくつかの理由があるだろう。たとえば、マリリンが魅力的な女性だから、という理由がある。多くの男たちがマリリンを欲している。マリリンが彼らに微笑めば、関係が成立してしまう。

また、マリリンは極端に臆病だった。傷つくのが恐いから、ひとりきりに依存するのが恐かった。幼少時からの、「私は誰からも必要とされていない」という想いも影響している。たったひとりの人に全身全霊をかけて去られたときの恐怖を想像すれば、ひとりきりに依存することなどできなかった。

また、極端に淋しがり屋だった。特定の相手に仕事やそのほかの理由で逢えないとき、その代わりになるぬくもりや優しい言葉や熱いまなざしを必要とした。

マリリンは、自由を求め自由でいたいと願いながらも、ひとりではいられないひとだった。

『帰らざる河』『ショウほど素敵な商売はない』『七年目の浮気』

『帰らざる河』の撮影は、急流を筏《いかだ》でくだるシーンにもスタントマンを使わず、事故もあいついだ。マリリンが水中に落ちることもあり、新聞が「マリリンあわや溺死」などと書きたてた。

『ショウほど素敵な商売はない』はディマジオ夫人になってからの第一作。この映画でのマリリンの衣装は、からだのラインがぴったりとみえる、すけすけのものが多かった。夫の反対を押し切っての出演で、夫婦の関係が悪化した。マリリンは映画の撮影中何度もセットで倒れた。

『七年目の浮気』の評判は高かった。『タイム』は、「みごとなコメディタッチで観客を魅了した」と激賞した。ビリー・ワイルダー監督の作品で、きわどいシーンや含みのあるセリフ満載のお色気コメディだった。ワイルダーはあるエピソードを思い出して笑う。「マリリンはネグリジェだった。なのにブラジャーをしている。ネグリジェの下にブラジャーをつけるのはおかしい、と私は言った。マリリンは、ブラジャーってなんのこと？　と私の手をとって乳房をさわらせた。ブラジャーなんかつけていなかった。彼女のバストの形のよさは完璧だったんだ」

そして有名な、スカートがひるがえるシーン。このシーンは「裸で馬に乗ったという伝説のレディ・ゴディバ以来、もっとも興味深く劇的な見もの」と報じられた。

『七年目の浮気』のあまりにも有名なシーン。
観客のなかにディマジオがいた。
離婚の引き金になった撮影のワンシーン。

6章 愛を信じない不幸より信じる不幸を選ぶわ

栄光につつまれたパーティー

離婚会見から一ヵ月後の十一月六日、二十八歳。『七年目の浮気』完成記念パーティーが開催された。

ハリウッド・スターがずらりと並んでマリリンを祝福した。ハンフリー・ボガード、ローレン・バコール、ゲーリー・クーパー、クラーク・ゲーブル……。少女のころからゲーブルに憧れていたマリリンははじめてゲーブルに逢った。そして一緒に映画を撮ろうと約束した。これはのちに『荒馬と女』で実現する。

マリリンは感激でいっぱいだった。大衆から愛されていることは知っていたが、映画界でそれを実感したことがなかったからだ。

シンデレラになった気分よ。

こんなにみなさんが来てくださるなんて、思ってもいなかったわ。

ほんとよ。


このときの様子を撮った写真家のジョージ・バリスは言っている。

「誰もがみんな彼女のそばに行きたがり、そして彼女にさわりたがりました」

重要なのはハリウッドの有力者たちがマリリンを女優として賞賛したことだった。これはマリリンにとって事件だった。彼らはいままで、マリリンをセックスシンボルとして評価してはいても、女優としては認めなかったからだ。

けれど、遅かった。このときマリリンはすでにハリウッドに背を向けていた。

パーティーから一ヶ月後、マリリンは黒いウイッグにサングラス姿で偽名を使い、ニューヨークに向かった。

マリリン・モンロー・プロダクション

翌一九五五年、二十九歳。マリリンはニューヨークで「マリリン・モンロー・プロダクション」の設立を発表した。ハリウッドの二十世紀フォックスにしてみれば寝耳に水の出来事だった。

スピーチでマリリンは、自分を「新しい女」と言った。

「会社の設立は、私がやりたい、もっとちゃんとした役を演じるため。いままで出た大部分の映画は、あまり好きじゃないの。セクシーなだけの役は、もう、うんざり。自分の視野をひろげたいの」

いくつか興味のある作品はあった。なかでもとくにドストエフスキーの『カラマーゾフの兄弟』の映画化の話があったならぜひ出演したいと願っていた。あるとき記者会見でそのことに対する質問があった。「なぜ兄弟を演じたいのですか?」。あきらかに記者は「頭の弱いお前がドストエフスキーの名を出すのか」と小馬鹿にしていた。

マリリンは答えた。「兄弟を演じたいとは思わないわ。私が演じたいのはグルーシェンカ。だって女性だもの」。

記者はグルーシェンカを知らなかったのか、狼狽して言った。

「いま言った名前の綴《つづ》りは？」

「ハニー、そうね、綴りはGからはじまるわ」

おっとりとマリリンは返す。ウイットにあふれた瞳で。

グルーシェンカをやりたい。これはマリリンの胸に、つねにあった。


彼女は男の人を愛することで成熟し発展してゆくのよ。

だから私は彼女を演じたいの。


グルーシェンカは「娼婦」ともいうべき女性で、男たちを翻弄する魔性をもつ。一方で純真な心で世の中の権力にも立ち向かう「聖女」性も、あわせもつ。マリリンがグルーシェンカを演じたいと思ったのは当然だった。つよく共鳴できる女性だった。男たちを愛することで、魂が浄化してゆくような感覚をもつところなどは、とくにそうだった。

グルーシェンカのような「自分が演じたい役を演じたい」とマリリンは考えた。それがプロダクションを作った大きな理由だった。もちろん契約条件ふくめ、自分がハリウッドの食いものにされていると気づいたこともあるが、マリリンは、お金に対してそれほど興味がなかった。宝飾品などを所有することにも興味がなかった。彼女のライフスタイルは、ほかの女優たちと比べると、かなり質素だった。

私はお金には興味がないわ。
ただすばらしくなりたいの。

このマリリンの想いを受けとめ、ハリウッドからマリリンを脱出させたのは、ミルトン・グリーン。彼は有能な写真家だった。ふたりが出逢ったのは一年ほど前、マリリン二十七歳、ミルトン・グリーン三十一歳のときのことだった。

「それまで私は、女ならどんなタイプも知っているつもりでいました。仕事柄、モデルも女優も、いやというほど見てきていましたから。でも、あの声の響き、人の好さ、ほんとうのたおやかさ、彼女のような女性は、はじめてでした」

グリーンはマリリンの繊細さに心うたれた。

「道端で犬が死んでいようものなら、泣き出すくらいでした。あまりにも神経が細いので、彼女と話すときには声のトーンにまで注意が必要でした」

グリーンは妻のエミーとともに、マリリンの保護者となった。

彼は写真家として稼いだ金をひたすらマリリンに注ぎこんだ。マリリンに財産はなかった。彼女は名声しかもっていなかった。グリーンはマリリンにスターらしい生活をさせるためにすべてを提供した。高級アパートメント、ドレス、エステ、車、マリリンの母親の生活費。


私は彼のことを心から信頼しているわ。

彼は天才なの。


彼女は過去と手を切り、グリーンとともに「新しい女」になろうとしていた。

アクターズ・スタジオの生徒として

ニューヨークでマリリンは、もっとも強い願いを叶えるべく、ひとつのドアをノックした。「ニューヨーク・アクターズ・スタジオ」。指導者はリー・ストラスバーグ。当時五十七歳。リアリズム演技の方法を教え、信奉者は多かった。五十年代アクターズ・スタジオ出身の俳優には、マーロン・ブランド、ジェームズ・ディーン、ポール・ニューマン、モンゴメリー・クリフトなど、そうそうたるメンバーがいる。

マリリンのもっとも強い願い、それは演技派の女優になることだった。

ストラスバーグはマリリンのなかに「あやうい均衡の下に潜《ひそ》むすさまじい可能性」を発見した。のちに彼は言っている。

「私は何百人もの俳優、女優を育ててきたけれど、特別だったのは、わずかふたり。マーロン・ブランドと、マリリン・モンローです」

アクターズ・スタジオでは誰もスター扱いされなかった。マリリンはいつも素顔のまま、ジーンズなどのラフなスタイルで、部屋の目立たないところにいた。何ヵ月にもわたってきびしいトレーニングが続いた。

誰かが私に、「あなたはニューヨークで何をしたいんですか、何になりたいんですか」と訊ねたの。

私は「アーティストになりたいんです」って答えたわ。

アーティストになりたい、というマリリンに相手は「画家になりたいんですか」と聞き返した。マリリンはため息をついた。「彼らには劇場でのアーティストになりたいっていうことがぜんぜんわからないのね」。

劇場のアーティスト。マリリンは周囲が驚くほどのプロ意識をもっていた。

たとえワンシーンであっても、それがただ「イエス」と言うだけであっても、お客さんは当然、彼らが払った金額に見合うものを得るべきよ。

私は最高のものを彼らに与えなければならない。それが私の義務だと思うの。

感受性のある人が好き

「新しい女」としてニューヨークで暮らしはじめた年、詩人のノーマン・ロステン夫妻と出逢った。ロステン夫妻とは、マリリンにしては珍しく純粋な友人として、亡くなるまでの七年間を親密につきあった。彼らはマリリンの遺言に登場するストラスバーグ夫妻ともうひと組のカップルだ。

マリリンは詩が好きで、ロステン家での詩の朗読会に参加していた。お気に入りの詩人はウォルト・ホイットマンと、イエーツ。

やがてマリリンは自作の詩をロステンに送るようになった。

いのち――あたしはあなたの二つの方向に裂かれている
つよい風に揺れる蜘蛛の糸からぶら下がって
やっとしがみついているのに （中田耕治訳）

ロステンは、マリリンと行ったメトロポリタン美術館の「ロダン展」のときの印象を愛情深く回想している。

「マリリンは『神の手』という白い大理石の作品に魅入られたようでした。作品の周りを何度もまわっていました。サングラスをはずして、目を大きく見はっていました。それは情熱的に抱擁する男女をやわらかくカーブを描いた手が包む形になっている彫刻でした」

かつて、「どんなタイプの男性と出逢いたい?」という質問を受けたとき、マリリンは答えた。

まず詩人であることね。
でも実際に詩を書くなんて意味じゃないの。
つまり感受性のある人ってこと。
感受性は、男らしさと同じように大事なものだわ。

ロステンは女として生きるマリリンの真情を見抜いていた。ロステンはマリリンのことを「真の誘惑者《セダクトレス》」と呼んだ。

「マリリンは男性が自分を欲しがっている、と考えることを楽しみました。彼女には自分が熱烈に愛されていることの証拠が必要でした。自分は望まれていないというひそかな、けれど強い恐怖、私生児で母親もいないに等しいという心の傷をそれで癒したのです。彼女は愛を、人間界にかくされている奇跡だと感じていました」

困っている人を見たら

マリリンはどこへ行っても熱狂的なファンにとりかこまれたが、そのなかに、マリリンに特別に可愛がられた家出少年がいた。当時十六歳だったジム・ハスピールという名の少年はマリリンについてまわった。のちに彼が語ったマリリンは、知的で心優しく、自分を高める努力を続ける力強い女性だ。

マリリンは『ニューヨーク・タイムズ』や『ウォール・ストリート・ジャーナル』といった新聞を読んでいた。『随想』(エマーソン)、『ギリシャ神話』(イーディス・ハミルトン)、『ジョルジュ・サンド書簡集』、『ユリシーズ』(ジョイス)、『スタニスラフスキー演出法』などの本も、むさぼるように読んでいた。

かつて大きな乳房について、「パットをいれているのでは?」という愚かな質問を受けたとき、マリリンは言った。

私をよく知っている人は、よく知っているわ。
私がもっているものはすべて私自身よ。

そして含蓄《がんちく》のある言葉を重ねた。

私は自分のしっかりした乳房を誇りに思うだけでなく、
自分のしっかりした人格を誇れるようになりたいわ。

ときおり貧しい人たちが多く住む地区に出かけた。そこで彼らと話をし、いくらかのお金をあげていた。マリリンの周囲の人たちは危険だからと止めたけれど、マリリンは聞かなかった。幼いころの貧しい生活の記憶が彼女をその地区に向かわせた。ハスピールはマリリンに訊ねた。「なぜそれをするのか」と。マリリンは答えた。

困っている人を見れば助けるのは当然でしょう。
あなたにもそういう心をもってほしい。

マリリンは読書家だった。
文芸大作から教養本、詩集などジャンルは多岐にわたる。
書店に行き、興味のありそうな本を手にとり、
中をぱらぱらっと見て面白そうだったら買う。
それが彼女の本の選び方だった。

愛は人間界にかくされた奇跡

何度裏切られたと感じても何度裏切られたと言われても、最後まで、愛を信じたいと思い続け、愛に期待し続けた。

人は生まれたときから、もっている愛情量というものがあるのだとしたら、マリリンは愛情量が相対的に多い女性だった。「傷つきやすいのだからもっと違う生き方をすべきだ」と周囲から言われても、それでもマリリンは奇跡、愛というものを信じ続けた。

信じない不幸より信じる不幸を選んだ。

Message from Marilyn

誰でもいつでも「新しい女」になれる

セックスシンボルとしてだけの役にうんざりし、演技派の女優になりたいと願ったマリリンは、行動を起こした。アメリカの西から東へと住む場所を変えて、「新しい女」として人生をはじめた。過去をひきずらなかった。恋人たちや演技コーチ、すべてと手を切った。情に厚いマリリンにとっては、簡単なことではなかっただろう。けれど、それ以上に「新しい女」になりたいという想いが強かった。

思い立って行動に移せば、誰でもその瞬間から「新しい女」になれる。住む場所や仕事をする場所を変えるでもいい、そこから新しい人生がはじめられる。ただ、人は何かを得れば何かを失うようにできている。覚悟が必要だ。

CINEMA

『バス停留所』

アクターズ・スタジオでの演技の勉強が実を結んだ映画。ミルトン・グリーンは監督のジョシュア・ローガンに何度も言った。「マリリンに話しかけるときは、声を荒げないでください。マリリンがこわがったら最後、もう二度と戻りませんから」。

この映画の役は頭の弱いブロンドではなく、シリアスなシーンも多かった。「ついに女優であることを証明した」と『ニューヨーク・タイムズ』が賞賛するほどの演技をマリリンは見せ、アカデミー賞も狙えると周囲は騒いだが、なぜかノミネートさえされなかった。マリリンは失望した。

ローガンは後年言っている。「本読みのときに、もう、顔や肌、髪、からだから、なんともいえない輝きがあふれてくる。演技するだけで、私をぞくぞくさせ、ぎゅっとつかんでくる。その背後にあるものは、言うまでもなく、圧倒的な色気《セクシャリティー》なんだ。見ているだけで、絢爛《けんらん》たるものだった。身近に寄っても、匂いをかいでも、手でふれても、ひたすらゴージャス。それこそ、あの子の才能だった」

演技派女優として認められた『バス停留所』。
シリアスな表情のマリリン、淋しそうに歌を口ずさむマリリンに魅了される。

7章　自分が正しいと思ったなら、やってみるべきよ

アーサー・ミラーとの出逢い

一九五五年は、二十九歳のマリリンにとって充実の一年だった。ストラスバーグのもとで演技を磨き、本物の女優への道を確実に歩もうとしていた。ミルトン・グリーンに支えられて二十世紀フォックスと好条件で再契約もできた。

そしてアーサー・ミラーに再会した。

アーサー・ミラー。『セールスマンの死』でピュリッツァー賞を受賞した高名な作家。彼とマリリンは、五年前に出逢っていた。そして互いに惹かれ合って何度か文通をしていた。

出逢ったころ、ミラーがマリリンに送った手紙の一部。

「貴女は人々が求めるイメージで人々を魅了しているようですが、このゲームで貴女が傷ついたりすることなく、またそのイメージのままで終わらないで欲しいと私は望んでいます」

ミラーはマリリンの内部にある真剣な魂を見抜いた人だった。けれど当時は充実した結婚生活を送っていたこともあり、関係は発展しなかった。

五年という歳月を経て再会したとき、マリリンはディマジオと正式に離婚したばかりで、ミラーの結婚生活は破綻《はたん》していた。ふたりは強烈に惹かれ合った。


いままで会ったなかでもっともすぐれた知性のもち主なの。

だから私が自分を伸ばしたいと思っていることを理解して認めてくれるの。

彼は私の人生を別のものに、よいものにしようとしていたわ。

マリリンは以前からリンカーンを尊敬していたが、ミラーはその外見がリンカーンによく似ていた。

そしてマリリンが求めてやまない「教養、知性、才能、人々からの尊敬」だけでなく十一歳年上ということもあり「父性」をも、もち合わせていた。マリリンはミラーに憧れた。夢中になった。


このころ、ミラーとの関係を探ろうと、遠まわしにある記者が訊ねた。

「ある女性が、結婚している男性を奪い取ろうとしたら、あなたはそれを正しいと思いますか。そういうことをしてもいいと思いますか」

マリリンは肩をすぼめて言った。


自分が正しいと思ったことなら、やってみたらいいと思うわ。

私なんかにどうしてモラルの原則を定められて？

希望《ホープ》、希望《ホープ》、希望《ホープ》

一九五六年春、マリリンは三十歳になった。

ハリウッド復帰作である『バス停留所』の撮影も順調、ミラーとの関係もうまくいっていて、外見的には溌剌としていた。けれど、内面は違った。神経をすりへらし、精神分析医に頼っていた。このころのことをミラーは自伝に記している。

「彼女は崖っぷちで踊り、はてしなく墜落《ついらく》していた。彼女はそれまで人に頼りたい気持ちを隠していたが、私は不意に、彼女には私しかいないことがわかった」

ミラーの離婚交渉は難航《なんこう》していたが、ようやく成立すると、ミラーは両親に再婚相手としてマリリン・モンローを紹介した。

マリリンは感極まってミラーの両親に抱きついてキスをし、涙ぐみながら言った。

「生まれてはじめて、お父さん、お母さん、と呼べる人ができたわ」

ミラー家はユダヤ系で、熱心ではないにしてもユダヤ教の信者だったので、マリリンはユダヤ教に改宗し、ユダヤ人の生活習慣に慣れようと必死だった。

六月二十九日、ミラーが約束した公式記者会見の日。全世界から四百名におよぶ報道関係者が押し寄せた。

過熱する報道合戦のさなか、車の事故で女性ジャーナリストが死亡した。マリリンはこの悲劇でヒステリー状態になった。ミルトン・グリーンがマリリンのそばでさまざまなアドバイスをしていた。合同記者会見は一時間足らずで終わり、結婚式の日取りも明らかにされず、記者たちはがっかりだった。

その晩、ミラーとマリリンは裁判所で結婚届に署名した。マリリン三十歳。ミラー四十一歳。マリリンはセーターにスカートという簡素な服、ミラーはブルーのスーツにノー・タイだった。指輪は母親から借りてきたもので間に合わせた。

そして二日後、これまた極秘のうちにユダヤ式の結婚式を挙げた。このときのマリリンはガウンにヴェールという花嫁姿で、ミラーも正装してボタンホールに花を飾った。カルティエの結婚指輪を交換した。二十五人の招待客はふたりを祝福した。

ミラーは結婚の記念に純金のバンドを買っていた。文字が刻まれていた。

『AからMに　一九五六年六月　いまこそ永遠なれ』

『美』と『知』の結婚といわれた
アーサー・ミラーとの結婚式。
極秘で身内と親友だけのシンプルなものだった。
マリリンは希望でいっぱいだった。

結婚する一年前、あるインタビューでマリリンは愛について質問された。

「あなたにとって愛とは？」

マリリンは答えた。


愛とは信頼。人を愛するときは完全に信じることよ。


結婚式を終えたマリリンは、結婚式の写真の裏に、言葉を三つ書いた。

「希望《ホープ》、希望《ホープ》、希望《ホープ》」

マリリンの信念

マリリンとミラーの結婚を周囲の人々は「ミラーがマリリンを庇護《ひご》した」ものだと見ていたし、ミラーの自伝でもそのように書かれている。

けれど、結婚に先だってマリリンは、ミラーを重大な危機から救っている。

当時アメリカはソ連との冷戦状態にあり、共産主義者への弾圧が強まっていた。いわゆる「赤狩り」で、初期の中心人物がマッカーシー連邦上院議員だったことから、「マッカーシー旋風」が吹き荒れた、などと表現される時代だ。「非米活動委員会」が共産主義者をつぶしにかかっていた。

アーサー・ミラーにもその矛先が向けられた。ミラーは共産主義者ではなかったが、作家として当然ながら批判精神をもち、自由を弾圧する赤狩りに対して、作品のなかでそれを非難していたからだ。

窮地《きゅうち》に立たされたミラーを、マリリンは全面的に支援した。裁判を経済的にも支えた。二十世紀フォックスは、マリリンに圧力をかけた。国家権力に立ち向かうなんて、とんでもないことだった。女優生命にかかわるどころか、それ以上の危険があった。ところがマリリンは屈しなかった。この姿、マリリン・モンローという超有名な女優が公然とミラーを支持したことは、世論に大きな影響を与えた。結局ミラーは、裁判に勝った。事実上の無罪を勝ち取ったのだ。

このときのことをマリリンはのちに語っている。

あのとき私はもう終わりだ、今度こそおしまいだと言われたわ。会社やいろんな人たちから。私、彼らに言ってやったの。

「私は夫がとった態度を誇りにしているわ。最後まで夫に従うつもりよ」って。


マリリンはミラーを愛していたから彼を擁護した。それは当然だ。けれどそれ以外にも彼女には確固たる信念というものがあった。

「アーサーの無罪について、疑問をもったことは一度もないわ。私はこれまで長くトマス・ジェファソンを勉強しているのだけれど、ジェファソンによれば今度の事件はこうなる以外に解決の道はないのよ」

ジェファソンから憧れのリンカーンにいたるアメリカのデモクラシーの理念をマリリンは信じていた。明確な政治理念や立場をもっていたわけではない。けれどミラーを擁護した背景には彼女の、社会に対する何か透き通った、おおらかな信念のようなものが、確かにあった。

のちに、ミラーにいちばん感謝していることについて語っている。

彼は私たちの社会の政治的自由がいかにたいせつなのかを教えてくれたわ。

美と知の結婚

結婚してすぐにふたりはロンドンへ飛んだ。ローレンス・オリヴィエとの映画『王子と踊り子』の撮影のためだった。良くも悪くもエピソード満載の撮影が終わり、ようやく落ち着いた新婚生活がはじまった。ふたりは互いにふたりだけの生活を望み、夏はコネチカット州のミラーの別荘で過ごし、冬はニューヨークのマリリンのアパートで過ごした。二年半、マリリンは仕事をしなかった。

映画から離れてマリリンの精神状態も安定していた。この時期、ミラーの親友は「あんなに愛し合っている夫婦は見たことがない」と語っている。

のちにマリリン自身も言っている。

彼との新婚時代が、私の人生でいちばん楽しかったわ。

ふたりの結婚は「美（ビューティー）と知（ブレイン）の結婚」と言われた。結婚生活は四年半。マリリンの男性関係では生涯を通じていちばん長く続いた。

私は彼を愛しているのよ、彼の知性を愛しているのではないわ。

彼は私が自分自身でいることのたいせつさを教えてくれたわ。
これまでの私は自分のことが自分でもはっきりつかめなかったけれど、
これからは彼がいるから大丈夫。

「これまで私が受けたいちばんの名誉がなんだかおわかりになる？　これよ」
彼女は夫アーサー・ミラー戯曲集の一巻を取り出して、献呈の言葉を指した。そこには「マリリンへ」と書いてあった。

── 彼との新婚時代が私の人生でいちばん楽しかったわ。

映画の撮影もなく気分も安定し、

ミラーとの関係も最高にうまくいっていたころ。

この時期のマリリンの写真は、穏やかで満たされている表情のものが多い。

映画は私の仕事だけど、彼は私の命。

いつも彼のそばにいてあげたい。


結婚して、女らしい気持ちになって、自分に誇りをもったわ。

だからすさんだ気分にならないの。

はじめて自分が保護されているという感じがするわ。


ミラーはマリリンの魅力について次のように語っている。

「想像できるかぎり、最高に女らしい女。彼女は、動物の雄《オス》からその本質を引き出す天然の磁石のような存在です」

マリリンの男関係についても、作家としての視線をもっていた。

「もちろん彼女は男たちを知っているが、つぎからつぎへと手あたり次第に男と寝たわけじゃない。彼女が男を相手にしたとき、それぞれの状況で、そのときどきの彼女にとっては、大切な意味があったのです」

そして、彼はマリリンと外出することもよくあったが、ディマジオと違って、彼女が人前で肌をあらわにする趣味を擁護した。

また、ミラーは「真実のことでなければどうしても口に出せない」マリリンの誠実さを尊重していた。

「彼女は女優として真実のことをするか、ストライキをするかどちらかなんです。ある状況に置かれたなら、まずその基本的な現実をしっかり見据える、ということを彼女はする。もちろん演技するときでも、こうした姿勢をつらぬくのだからすばらしい。ものごとの核心をつらぬくのですからね」

そしてマリリンの純粋さを慈《いつく》しんだ。

「人生に不信を抱いて当然の境遇だったのに、そんなところはみじんもなく、ゆたかな感性をもちつづけ、ひたすら純粋な関係を求めている。それが彼女なんです」

ミラーは書斎の壁にマリリンの写真を飾っていた。けれどその顔はほとんど影になっていて、すぐには誰なのかわからない。

「あれがマリリンなんです」と彼は言った。「あの写真の優しさ、夢幻的な表情が好きだし、何よりも放心しているようなところがいい。彼女にそんなところがあると気がつく人はあまりいないけれど」。

ミラーはひたすらマリリンを愛していた。周囲の人々がその姿に感動するほどに誠心誠意マリリンを愛していた。「彼女といっしょになってはじめて生きることの意味がわかった」と言うほどにマリリンを愛していた。

けれど、その愛にも、限界はあった。

愛の対象には迷いをもちこまない

アーサー・ミラーに合わせてユダヤ教に改宗することをマリリンは躊躇しなかった。「映画は私の仕事」、だけど「彼は私の命」と言える一途さ。人を愛するときの、このこわいくらいの一途さがマリリンの魅力のひとつで、だからこそミラーから最大限の愛を注がれた。

ミラーはマリリンの外側の姿と内側の姿のあいだに深く存在する亀裂に気づいた。だから彼女にとってたいせつなものを与えることができた。それは、マリリン・モンローという「女優」に対する理解だった。

ふたりの関係はおよそ四年。長く続いたとは言い難いが、「愛の密度」という面からみればどうか。愛ということを考えもせず、求めもせず、漫然《まんぜん》と何十年も結婚生活を送る夫婦よりも、濃く熱かったとは言えないか。

『王子と踊り子』

『王子と踊り子』の撮影のため、マリリンとミラーがロンドンを訪れた。ロンドンの『イヴニング・ニューズ』は書いた。「とうとう彼女がやってきた。彼女が歩く。彼女が話す。まったく彼女はクリームをのせた苺のように甘い魅力にあふれている」。

ローレンス・オリヴィエは、マリリンと組むことがどんなに大変なことか噂には聞いていたものの、自分ならうまく切り抜けられるだろうと思っていた。『バス停留所』の監督ローガンはオリヴィエに忠告した。「ああしろこうしろと言ってはいけない。演技についてはおそらく誰よりも知りつくしているのだから。注文をつけたら最後、おどおどするばかりで、彼女から演技を引き出すことはできない」。

オリヴィエにとって、マリリンとの四ヵ月は、まさに試練だった。

あるとき、ひとつのセリフがどうしても上手く言えないマリリンに、オリヴィエは言った。「いいか、じっと三つ数えて、それからセリフを言うんだ」。ぼんやりと見つめ返すマリリンにオリヴィエは怒鳴った。「きみは数も数えられないのか！」。マリリンは怯えてしまい、なおさらうまくいかなくなってしまった。

こんなときもあった。あるときオリヴィエがマリリンに言った。「セクシーに」と。マリリンはぴしゃりと言い返した。「もともとセクシーよ！」。

それから腹を立てて友人の写真家のブルーノ・バーナードに電話をしている。「ひどいわ、ローマ法王に、信心深くなりなさい、と言うのと同じだわ。人間にはセクシーかセクシーではないかの二種類しかないの。セクシーなふりをすることなんてできないの。セクシーさは、何も考えないところから自然に出てくるものよ」

8章

人生にはしっかりしがみつける何かが必要なの

希望から失望へ

マリリンが内面に抱え続けた原始的な精神不安は、夫アーサー・ミラーの愛情をもってしても、取り払うことができなかった。そしてその不安はもっとも身近な存在である夫に向けて爆発した。それが受けとめられないと、今度は夫そのものに対する不満となってさらに状態がひどくなった。

アーサー・ミラーは作家だった。作家は妻に振り回されて何も書けない状態で、日に日に消耗していった。マリリンはそんな夫に日に日に失望していった。

けれどもなんとかしてこの結婚を守ろうとした。そのためにも、マリリンにはどうしても欲しいものがあった。それは子どもだ。

結婚すると、男も女も自分だけのものが必要になるのよ。子どもができて、はじめて結婚は完璧なものになるの。

ミラーは言っている。

「マリリンを知りたいのなら、子どもに囲まれているところを見るのがいちばん。子どもたちもマリリンが好きなんです。彼女の生き方は、子どものように純真で素直だから」

ミラーには前妻との間に二人の子どもがいた。マリリンは熱心に義母の役をつとめた。前夫ディマジオの息子とミラーの二人の子を合わせて「私の子どもたち」と言い、とても可愛がっていた。

子どもができたら、すぐにでも女優をやめて家庭をまもるわ。

結婚して一年、三十一歳の誕生日を迎えてまもなくマリリンは妊娠した。夫婦で妊娠を喜んだ。けれども喜びは二ヵ月で終わった。子宮外妊娠だった。ぼろぼろに傷ついたマリリンに産婦人科の医者は、妊娠の可能性はまだある、と言った。

「子どもはたくさん欲しいとマリリンは言っています。私も同じ想いです。彼女ほど勇気のある女性ははじめてです」

ミラーは、つきっきりでマリリンを支えた。

映画より赤ちゃん

一九五八年七月初旬、三十二歳。ビリー・ワイルダー監督の『お熱いのがお好き』撮影のため、マリリンはロサンジェルスに戻った。久々だったこともあり、空港にはマスコミが押しかけた。

けれどもいくら待ってもマリリンは姿を見せない。マリリンはこの飛行機に乗っていないのではないか、と人々が騒ぎはじめたころ、ようやく姿を見せた。

人々は、そこに純白のマリリンを見た。旅客機のジェットにあおられて純白の髪がみだれ、大きくひらいた白い胸もと、パウダーをはたいた白い咽、白いブラウス、白のタイトスカート、白いシューズ、白い手袋、なにもかも白づくめのマリリン・モンローは大きな、けれどちょっとだけ眠そうな目で群衆をゆっくりと眺めるとタラップを降りはじめた。ゆっくりと、モンローウォークで。そして降りきって言った。「ごめんなさいね。私、眠っちゃったのよ」。

そこで人々が見たのは、「マリリン・モンロー」という名を聞いてみんなが思い描くマリリン・モンローそのものだった。マリリンは輝いていた。

けれどそれは彼女がぎりぎりのところで、精一杯創りあげた、外側の姿だった。内面に抱えこんだ不安と悲しみは、美しい彼女の内部で膨張を続けていた。

『お熱いのがお好き』の役はいつもの「頭の弱いセクシーなブロンド」だったので、マリリンは乗り気ではなかったが、乗り気でない理由は役柄だけではなかった。親友の詩人ノーマン・ロステンに相談している。

私、次の映画に出ようか、赤ちゃんができるのを待とうか、迷っているの。
だって、どうしても赤ちゃんが欲しいのよ。
それに、今度こそ赤ちゃんができそうな気がする。
私、きっとたいへんな親ばかになりそうね。無茶苦茶に可愛がっちゃう。
赤ちゃんが欲しいの。

そして少し悲しそうに言った。「夫は映画に出たほうがいいって思っているの。そうよね、私、映画スターですものね、そうでしょ？」。

夏の終わりにマリリンはロケ先からロステンに手紙を出した。ホテルの便せんには浜辺の風景が印刷されていた。その海のなかにマリリンは両手をあげている女の絵を小さく描いた。そしてひとことセリフを書き入れた。

「ＨＥＬＰ《たすけて》！」

そして、この映画の撮影中に、マリリンは再び妊娠した。

第一にお腹の子、と注意深く生活したにもかかわらず、クリスマス間近に流産してしまった。三ヵ月だった。マリリンは悲しみに打ちひしがれた。アルコールが増えた。薬が増えた。その量は病的になっていった。睡眠薬の飲みすぎで昏睡状態になっているのをミラーが発見し一命をとりとめたことも一度ではなかった。

ミラーは疲れきっていた。それでもなんとか彼女を支えようとした。けれどマリリンの悲しみは癒されなかった。

ロステンへの手紙にマリリンは書いた。

私、何かにしっかりしがみついていたいの。

けれど、アーサー・ミラーは作家だった。しがみつかれていては創作できない。実際、マリリンと結婚してから一行も書けていなかった。ミラーの想いはマリリンから離れてゆくばかりだった。

私は何を怖れているの？

二度目の流産ののち、あるパーティーでロステンに言った。「ここからひと思いに飛び降りたほうが早いわね。私が死んだって聞いても、誰もどうってことないもの」

「僕は違うよ、それにみんなが悲しむよ」とロステンは言った。そして半分冗談めかしてだったけれどマリリンに約束させた。「お互いに自殺したくなったら、電話で相手に知らせて相談する」と。

同じ年、マリリンはロステンに詩を送っている。

助けて　助けて
あたしの求めるものがすべて死でしかないときに
いのちが近づいて感じられるように　（中田耕治訳）

以前からの撮影恐怖症もひどくなっていた。マリリンはメモ魔でなんでも手帳にメモする習慣があったが、このころ撮影時に書いている。

私は何を怖れているの？
私は演技できることがわかっている。
でもこわい。
私はこわい、怖れることはないわ、怖れてはいけない。
ああ、どうしたらいいの！

眠れないから睡眠薬を飲み、演技に向かうために興奮剤を飲む、不安を消すためにアルコールを飲む。精神分析も受けるが効果がない。

三十二歳。マリリンは心もからだも破滅に向かっていた。そしてアーサー・ミラーとの結婚生活も破局に向かっていた。破局の理由が双方にあるのは当然としても、直接的に結婚生活を破局に導いたのはマリリンだった。

マリリンは、激しい恋をした。相手はフランスの俳優、歌手のイヴ・モンタン。次なる映画『恋をしましょう』の相手役だった。

最高に魅力的な男の人との出逢い

一九五九年九月、三十三歳。マリリンはイヴ・モンタンに出逢った。運命の出逢いの場面には、夫のアーサー・ミラー、モンタンの妻であるフランスの大女優シモーヌ・シニョレ、そして詩人のロステン夫妻がいた。

『恋をしましょう』のマリリンの相手役に、二十世紀フォックスはいまをときめく男優たちに話をもっていったが、みな、次々と断ってきた。マリリンの、わがままなふるまいについての噂を聞いていたからだった。そこでイヴ・モンタンの名があがった。マリリンが気に入らなければ決まらない話だったから、まずは二人を会わせることからはじまった。大成功だった。マリリンはひと目でモンタンに惹かれた。「彼ってびっくりするほどディマジオに似ているの」と言い、モンタンがフランス人ではなくイタリア人だと知ると（ディマジオもイタリア系）、ますます興奮した。マリリンの言葉が新聞の大見出しになった。

「夫の次にマーロン・ブランドと並んでイヴ・モンタンは最高に魅力的な男の人」

イヴ・モンタンの出演が決まった。

ふた組の夫婦の奇妙な関係

一九六〇年一月、撮影に合わせてモンタン夫妻とミラー夫妻は「ビヴァリーヒルズ・ホテル」の隣り合わせのバンガローにチェックインした。

このふた組の夫婦は意気投合した。もともとアーサー・ミラーとイヴ・モンタンは旧知の仲だった。モンタンはフランスでミラーの戯曲『るつぼ』に主演したこともあったし、政治的な信条も近かった。シモーヌ・シニョレはアカデミー主演女優賞を受けたこともある名女優で、知的な女性だった。マリリンのことを「想像できるかぎりでもっとも美しく楽しい女の子」だと言い、まるで母親のような気分でマリリンに接した。

映画のなかでマリリンとモンタンは恋に落ちる。現実との境界があいまいになり、ふたりが現実でも恋愛関係に入るのに時間はかからなかった。

はじまりは、マリリンからだった。ある日、素肌の上にミンクのコートだけをまとって、モンタンのバンガローのドアをノックした。そしてモンタンがドアを開け、マリリンが部屋に入った。ふたりの関係がはじまった。

「ほかに何をしろっていうんだ？」とモンタンは言った

やがてマリリンとモンタンの情事はルームサービスのボーイの口からマスコミに流れた。たちまちこのスキャンダルは世間の知るところとなった。

シモーヌ・シニョレは当然気づいていたが、自分の映画の撮影のためにヨーロッパに行かなければならなかった。彼女は夫の浮気を容認する「フランスの女」であり、ふたりは「フランス流の夫婦」だった。

ミラーも知っていた。けれど干渉せず、仕事でロサンジェルスとニューヨークを行ったり来たりしていた。モンタンとの恋でマリリンが生気を取り戻せたらいい、と思っていたのかもしれない。

失恋の苦しみのなかで

一九六〇年六月、マリリン三十四歳。半年の撮影が終了した。モンタンはパリへ戻った。シモーヌ・シニョレが自宅で夫を出迎えた。

モンタンは撮影と同時に恋を終わらせようとしていた。マリリンが薬漬けになっているのを知っていて、何かあったときにその責任をおしつけられたくないという思いもあったろうし、妻を愛していた。

「マリリンが私の夫を愛しているのなら、とても趣味がいいと思います。私も彼を愛していますから」

シモーヌ・シニョレはそれだけを語った。賢明な女性だった。

モンタンの態度にマリリンは激しく傷ついた。マリリンは親しい友に言っていたのだ。

彼には私が必要だし、私はあの人と結婚したいのよ。

マリリンは崩壊しつつある結婚生活にかわる存在としてモンタンを求めていた。そしてモンタンには自分が必要なのだと思っていた。けれどそれは違っていた。

アーサー・ミラーも、もう自分から離れてしまっている。

誰も私を必要としていないのよ。

いつもの暗闇にマリリンは落ちていった。今度の暗闇はかなり深いようだった。

女には何よりも子どもが欲しい時期というものがある

マリリンの証言を信じれば十数回の中絶で、からだはぼろぼろだった。それでもアーサー・ミラーとの間に子どもを切望した。結婚を完璧なものにしたかったからだ。現代と違って、女の幸せとは結婚して子どもを産むこと、という価値観で覆《おお》われていた時代だった。

欲しいと思ったときに都合よくできないのが子どもというものだが、ある種の女性には仕事より何よりとにかく子どもが欲しい時期というものがある。相手のことを人間的に魅力的だと強く感じているときはとくに。

だからマリリンにとって二度の流産は、致命的だった。マリリンの最後の生命力を奪った、と言ってよいほどに。

がむしゃらな関心が欲しい

モンタンとの恋を、夫であるアーサー・ミラーは見て見ぬふりをしていた。知っていてそれを遠くから眺めていた。そこにはマリリンを想う気持ちがあったかもしれない。作家として独特の意識があったのかもしれない。映画撮影中の俳優同士の恋なのだと冷静だったのかもしれない。

マリリンは賢明な人たちから対等に扱われることが少なかった。ミラーも最初は対等に扱っていたものの、じょじょにそれをやめていった。モンタンの妻シモーヌも落ち着いていた。マリリンは賢明な女にとっての敵ではなかった。

ここにマリリンの苦しみがあった。

高みから保護されたいのではない。同じ高さのところに立ってほしい。そして、真剣に見つめ、真剣に自分自身に取り組んでほしい。マリリンが愛する人から欲しかったのは、クールな視線ではなく、がむしゃらな関心だった。

CINEMA

『お熱いのがお好き』『恋をしましょう』

『お熱いのがお好き』でのマリリンの行動は、ますますとりとめのないものになっていた。監督のビリー・ワイルダーは『七年目の浮気』でマリリンのことを知りつくしていたが、再び七ヵ月間、マリリンにふりまわされた。それでもワイルダーはマリリンを使いたかった。彼のマリリンに対する想いを表わす言葉がある。

「時間ぴったりに来るすべての女優より、遅れて来るマリリンのほうがいい」

「この十五年、十本の映画を撮ってきたが仕事の最中に思ったものだ。ここにマリリン・モンローが出ていたらなあ！　と」

『恋をしましょう』でも、マリリンの遅刻癖、撮影すっぽかしはあいかわらずだった。怒ったモンタンはメモを書いた。

「僕はあなたの敵ではなく友だちだ。撮影に来ないのならそのことを知らせてくれ」。そしてそのメモをマリリンの部屋のドアにすべりこませた。マリリンが中にいることはわかっていた。メモがするするっと部屋の中に消えた。それでも何事も起こらなかった。モンタンはドア越しに怒鳴った。「今日の撮影は中止にする！」

『恋をしましょう』の相手役イヴ・モンタンと。
マリリンは彼に夢中になり現実でも恋におちた。

そしてそのまま外出してしまった。夜中になってもマリリンから音沙汰はなかった。そこへヨーロッパに出張中のミラーからモンタンに電話があった。「マリリンが電話してきた。彼女の部屋に行ってくれないか」。

モンタンとシモーヌはマリリンの部屋を訪れた。すると、いきなりマリリンがシモーヌの腕に泣き崩れた。「私が悪いの私が悪いの私が悪いの、もう二度としません、約束するわ」。

モンタンはマリリンの頭を軽く撫でて「明日はちゃんとセットに行くんだよ」と言い聞かせた。

9章 私たちは、人の魂に関心をもつべきなのよ

私はミスフィッツ

一九六〇年七月、三十四歳。マリリンはすぐに次の映画『荒馬と女《あらうま》』の撮影に入った。監督はジョン・ヒューストン、主演はマリリン・モンロー、相手役にクラーク・ゲーブル、モンゴメリー・クリフト、そしてこの映画に出演できるというだけで名優が脇をかためた。

原作は『ザ・ミスフィッツ』という短編小説でアーサー・ミラーの作品だった。「ミスフィッツ」とは、「社会に適応しにくい人たち」という意味をもつ。

マリリン演ずる「ロズリン」は実生活のマリリンとぴったり重なる。ミラーは妻をモ

デルに小説を書いた。「ザ・ミスフィッツ」というタイトルで。捕獲されて虐殺されてしまう野生馬を必死に守ろうとするヒロイン。感受性が鋭く傷つきやすく、ひどく繊細で、ときに陽気で、セクシーで、無邪気で、動物の命に対してはヒステリック。

もともとマリリンの動物や自然に対する関心、反応は、尋常ではなかった。

ある日の夕刻、海辺を散歩していたふたりは、魚網《ぎょもう》をたぐり寄せている漁師の姿を見た。マリリンは走り寄って、引き上げられた魚を海に向かって投げ返しはじめた。「大人の女の微笑の陰に、少女のようにひたむきにいたましい表情」を見せて。

「生き返って長く生きる魚もいるかもしれないわ……きっと自分の子どもが大きくなるまで生きているわ！」と言いながら。

またあるとき、自宅に戻ると、庭が綺麗に整えられていた。芝の周囲に咲き乱れていたキンセンカのオレンジや黄色の花が無残に薙《な》ぎ倒されていた。マリリンは、「自分が薙ぎ倒されたかのように泣いて」ミラーに車を停めさせた。車から飛び出したマリリンは倒れている花々を拾い上げ、なんとか元通りにしようとしていた。

ミラーはこれらの体験を短編『どうか何も殺さないで』に書いた。

小説には次のようにある。

「生命《いのち》あるものに対するはげしい愛情に尊敬の念を抱いたが、一方では、蛾や蜘蛛や雛鳥《ひなどり》が死ぬことと自分が死ぬこととは違うと教えてやりたかった」

またあるときマリリンは、ニューヨークの小さな公園で、少年たちが鳩に罠をかけているところに出くわした。鳩をマーケットにもっていって、一羽五十セントで売ると聞いて彼女はその鳩を買って空に放した。それから彼女はときどきその公園に行き、鳩を買い、空に放した。

最期《さいご》を知る男、グリーンスン医師との出会い

イヴ・モンタンに失恋して、ミラーとの関係は悪化するばかりで、マリリンは救いをもとめていた。そんなマリリンが最後にすがり、完全依存したのは、精神科医のラルフ・グリーンスンだった。

グリーンスン医師とは、『恋をしましょう』撮影中に出会った。神経衰弱におちいっているマリリンを診察するよう、当時のマリリンの主治医から頼まれたのだ。ラルフ・グリーンスンは妻子とともにマリリンにとって家族同様の存在になった。

グリーンスン医師は国際的名声があり、多数のセレブリティを診察していて、患者に対して親身であることで知られていた。マリリンにはじめて会ったときは四十九歳だった。

グリーンスンはただちにマリリンが危険な状態にあることを知った。マリリンは長年、不眠症に苦しんでいることをうったえ、そのため適量の薬を服用していると言ったが、それは適量をはるかに越えていた。さらに、内科のドクターを渡り歩いて、欲しい薬を手に入れていることも知った。

マリリンはグリーンスンに夫アーサー・ミラーへの不満を語った。彼は自分を救ってくれると思っていたのに違ったと。

私は、マリリン・モンローを演じ続けるのがもう嫌だったの。私がアーサーに惹かれた理由のひとつは、彼が、ほかの誰でもない、私を欲しいと言ったからよ。心底から私自身を欲しいと言ったからなの。彼と結婚すれば、マリリン・モンローから遠ざかることができると思ったのに、違ったのよ。

グリーンスンはミラーに会い、おおまかな状況を把握した。

ミラーは、妻を助けてやりたいと願っているのだが、ある一定の許容量を越えると、邪険で冷酷な態度をとってしまう。ミラーはたいていの父親以上の愛情、態度でマリリンに接してきたが、それも急速に限界に近づいていた。

グリーンスンはミラーに向かって忠告した。

「マリリンに必要なのは無条件の愛と献身です。それ以下のものを彼女は受けつけません」

グリーンスンはマリリンの、あまりに脆弱で、ちょっとしたきっかけでたちまち崩壊の危機にさらされるような魂に、のめりこんでいった。

二年後、彼は生前のマリリンと最後に言葉をかわし、最初にマリリンの遺体に接したひとりとなる。

映画の完成と離婚

『荒馬と女』撮影中、マリリンとミラーはすでにホテルの部屋を別にしていた。スタッフの前で大ゲンカすることも少なくなかった。

それでもミラーはマリリンが睡眠薬を飲みすぎないように、しょっちゅう様子を見に行っていた。そしてある晩、薬の飲みすぎで危険な状態にあるマリリンを発見した。マリリンは救急車で病院に運ばれ入院した。もはやミラーも限界だった。

悪名高くなっていたマリリンの「遅刻癖」もピークに達し、撮影スタッフの間では苛立ちが募っていた。撮影現場の雰囲気はかなり悪かった。けれどマリリンにも言い分はあった。

私が遅刻するのは傲慢のせいだと言うけれど、正反対。現場に行ったらいい演技ができるように、自分の能力の最高のことができるように、完璧に準備したいの。

カメラ映りにすべてを賭ける。最高の演技がしたい。これらの願いがあまりにも強かったから、それがマリリンを追いつめた。神経が消耗し、恐怖に襲われた。それでもマリリンは演技に関しては強気だった。


大勢の人が時間通りに来ることはできるけれど、実際は何もしないのを私は見てきたわ。

みんなただ座って、つまらないおしゃべりをしているのよ。

クラーク・ゲーブルは私のことをこう言ったわ。

「彼女がそこにいるときは、ちゃんといる。

彼女のすべてがそこにいる！　仕事のできる状態でいるんだ」って。

マリリンの健康状態が主な原因だったが、大変な苦労のすえ、撮影が終了した。

一九六〇年秋、制作スタッフの打ち上げでマリリンはバーボンをストレートで飲みながら言った。


私はもう次のことで頭がいっぱい。

今度はもっといい演技を見せてあげたいわ。


それから物憂げに肩で息をしながら言った。


私は自分がひとりの人間であることを発見したいの。

世の中の多くの人は死ぬまで、自分自身を発見しないで生きているわ。

私にとって、自分がひとりの人間であることを発見するいちばんいい方法は、自分が女優だってことを証明することなのよ。

薬漬けになり精神的にずいぶん不安定であってもマリリンは、女優として立派になりたいという、ほとんど悲しいまでの意欲を失わなかった。

マリリンは、すばらしい女優になることを目指し、私生活では安らぎを求めて、ふらふらとさまよった。「誰も私を支えてくれない」「誰も私を必要としていない」と絶望しながら。

そこに大好きなクラーク・ゲーブルの死が追い打ちをかけた。ゲーブルは撮影が終わって二週間後、心臓発作で急死したのだ。

ゲーブル夫人の「マリリン・モンローとの撮影の苦労が夫の死を早めた」という見解は世間のものとなり、無数の矢となってマリリンを襲った。これはマリリンにとって取り返しのつかない衝撃となった。四十度を越す灼熱の砂漠で、自分が姿を見せないためにゲーブルを手こずらせたことを誰よりも知っていたからこそ、そしてゲーブルがそんな自分を優しく受けとめていてくれたことを知っていたからこそ、マリリンの衝撃は大きかった。

私には誰もいないのよ！

一九六〇年のクリスマス、マリリンは周囲の男たちに次々と連絡をとった。けれど誰もマリリンのそばに来てくれなかった。寝室の窓から身を乗り出して飛び降りようとするマリリンをメイドが必死に止めた。マリリンは叫んだ。

「私なんか死ねばいいんだわ。何のために生きてきたの？　私には誰もいないのよ。クリスマスなのに！」

マリリンはかつてないほどの孤独地獄のなかで、もがいていた。そんな彼女を救ったのは、かつての夫ジョー・ディマジオだった。以後一年半、マリリンの死まで彼はマリリンを守り続ける。

一九六一年一月二十日、アーサー・ミラーとの離婚が成立した。

離婚についてマリリンは冷静だった。

私は誰も恨んでない。
三度結婚して三度とも失敗したけれど、きっと私に悪いところがあるの。
気持ちが落ち着くまでは結婚しないわ。

いろいろな問題を抱えているだけ

一九六一年二月初旬に封切られた『荒馬と女』の批評は手厳しかった。マリリンの演技を酷評するものも少なくはなく、マリリンはひどく落ちこんだ。

眠ることだけが救いであり、眠るために睡眠薬を大量に飲み、ほかにもいくつもの薬を服用していた。薬の濫用による錯乱状態はひどくなってきた。

ニューヨークでのマリリンの主治医は、薬物依存から抜け出すために専門家の治療を受けたほうがいいと説得した。マリリンは勧められるまま精神病院に入院した。けれどそこはマリリンが想像したところと違っていた。囚人のような扱いをされることにマリリンは怒った。そこで退院すべく交渉した。けれども病院側は「精神病患者」扱いしかしてくれない。怒りのあまりマリリンは全裸で窓辺に立ったりもした。ある看護婦は言っている。

「私たちはみんなマリリンに対して、彼女を膝に抱いてやりたいような気持ちになっていました。彼女はまるでひとりぼっちの少女のようでした。その子の涙を拭《ふ》いてやって、頭を撫でて手を握ってやりたいと思ったのです」

のちにマリリンはこの入院体験について、「悪夢」そのものだったと言っている。

私の魂に関心をもった人なんてひとりもいなかったの。

けれど、気づきもあった。

マリリンはずっと長い間、母と同じように自分も発狂するのではないかと心配だった。でも精神病院に入れられて、ほかの人たちを見て自分は違うと思った。

私はあくまでもいろいろな問題を抱えているだけなのよ。

「いろいろな問題」を抱えるにはマリリンは脆《もろ》すぎたのだが、彼女自身はあくまでも「問題を抱えているだけなんだから大丈夫」と自分に言い聞かせた。マリリンは彼女自身の根本のところにある、人生と闘う姿勢を崩そうとしなかった。

誰もがそれぞれつらい問題を抱えているわ。
胸をしめつけられるような問題を抱えながら、
それを周囲に知られないようにしている人たちだっているのよ。

この精神病院からマリリンを救いだしたのはジョー・ディマジオだった。マリリンは彼によって別の病院の神経科に入院、治療を受け、退院した。

ディマジオの人生にはマリリンに代わる女性はついにあらわれなかった。ディマジオはじつに献身的にマリリンを支えた。もはや夫婦ではない関係性と距離感がよかったのかもしれなかった。ディマジオはたいてい、マリリンが求めたときに彼女に安らぎをもたらした。そのようすは、ふたりはもう一度結婚するのではないかと噂されるほどだった。

三十五歳になっちゃったけれど、希望を感じています

『荒馬と女』ののち、一九六一年のマリリンは、まったく仕事をしなかった。ジャン・ポール・サルトル脚本、ジョン・ヒューストン監督という豪華コンビでの映画出演の話もあったが実現しなかった。フランスの大作家サルトルは、マリリンを「現存する最高の女優」と絶賛していた。

「現存する最高の女優」マリリンは、病気の塊だった。胆嚢炎《たんのうえん》、子宮の異常出血、結腸潰瘍《けっちょうかいよう》、そして神経の病。あるとき病院のバルコニーで夜空を見上げて、隣の医師に言った。

ほら、星《スター》たちを見て。
あんなに高くきらきら輝いているわ。
だけど、ひとつひとつがとても孤独なのね。
私たちの世界とおんなじ。
見せかけの世界なのよ。

それでも、病気が少しでもよくなると、立ち直ろうと努力をした。六月、三十五歳の誕生日にマリリンは主治医のグリーンスンに電報を送った。

グリーンスン先生へ
世界中にはたくさんの人がいます。
けれどそんななかであなたがいてくださってうれしい。
今日、三十五歳になっちゃったけれど、
希望を感じています。――マリリン

内面は揺れ動いていたが、
次の仕事への熱意もあった。
希望もあった。
壮絶な美しさがある。

マリリンに残された時間は、一年と二ヵ月。

この最後の時期に重要な影響を及ぼすのは、ジョン・F・ケネディ大統領と弟の司法長官ロバート・ケネディだ。そして彼ら兄弟との情事とトラブル、そしてマフィアの陰謀という、どうしようもない流れのなかにマリリンはいた。その流れは死に向かっていた。

自分自身の存在価値を感じないでは生き続けられない

マリリンは、錯乱状態になっていないときは、理知的に物事を見ていた。精神病院で不本意な扱いをされながらも、「誰もがつらい問題を抱えている」と見ることができた。

「魂に関心をもってほしい」と病院でマリリンは強く願ったが、これは病院に限らず、彼女の人生を貫く切実な願いだった。彼女はいつも彼女自身の魂に関心をもち、その魂をもちうる彼女自身をそのまま愛してほしいと願っていた。マリリンは「ひとりの人間」として扱われたかった、愛されたかった、そのときはじめて自分自身の存在価値を感じることができたからだ。

CINEMA

『荒馬《あらうま》と女』

マリリンは少女のころからクラーク・ゲーブルに憧れていたから感激でいっぱいだった。ゲーブルはマリリンの大遅刻、すっぽかしにはさすがに閉口したが、それでもマリリンには優しかった。

「彼女がどんな問題を抱えているか、そんなこと知るものか。そんなことより、俺はあの子が好きだよ」

いつものように大幅な遅刻をしたマリリンが消え入るような声でゲーブルに言う。「遅れてごめんなさい」。ゲーブルは太い腕をマリリンにまわすと、「遅刻なんてしていないよ、ハニー」と優しく言い、何かを彼女の耳もとで囁く。するとマリリンにもくすくすと笑みが浮かぶ。

官能的なシーンもあった。シーツだけを身にまとったマリリンにゲーブルがキスする場面だ。

「彼にキスされるとぞくぞくしたわ。彼がそばに来るたびにキスしてほしくてたまらなかった。キスして、キスして、キスして、って気持ちなのよ」

当時ゲーブルは五十九歳。三十年以上の経験をもつベテラン俳優だった。その彼が撮影終了間近に言った。「俳優人生で自慢できるものが二つある。『風と共に去りぬ』と、この作品だ」。

大好きなクラーク・ゲーブルと共演した『荒馬と女』。
ワンピース姿のマリリンはほんとうに魅力的。
結局この映画がふたりにとっての遺作となってしまった。

10章

これが最後になってもいいと思える仕事をしたいの

憧れのケネディ大統領

ジョン・F・ケネディは、服用中の薬の副作用とも言われるが、病的といっていいほどの女性好きだった。独身時代はもちろん一九五三年、三十四歳のときにジャクリーンと結婚してからも、女性関係の噂は絶えず、自分の乱脈な女性関係について思慮深くはなかった。ハリウッドの女優たちから秘書まで手あたり次第だった。

マリリンとの関係はマリリンがディマジオと離婚したあと、一九五五年初頭ころからはじまり、ずっと続いていた。続いたとはいっても、時々会う程度のものだったが、一九五九年に大統領候補となったあたりからようすが変わってきた。

マリリンは次第にケネディに熱をあげ、積極的になっていった。アーサー・ミラーとの結婚生活がうまくいかなくなっていたこともある。

一九六〇年にケネディが大統領に就任すると、マリリンはますます夢中になった。親しい友人には口止めをしたうえで告白していた。


世界中でこれほど重要な人はいないわ。

その人と私、恋人同士なの。


ところがケネディにとってマリリンは、多くの女性たちのうちのひとりだった。ユーモアのセンスがあり、聞き上手褒《ほ》め上手な、さらにベッドでも楽しく過ごすことができる、お気に入りのひとりだった。

マリリンは、ケネディ大統領が好きなのは、ひとりの女としてのマリリンではなく、映画スターのマリリン・モンローなのだと知っていた。だからケネディに逢うときには、映画のカメラの前に立つときのように時間をかけてヘアメイクをし、緊張していた。

マリリンはケネディの個人用の電話番号を知っていて、好きなときに話ができた。電話口に妻のジャクリーンが出て、夫に取り次ぐこともあった。ジャクリーンはプライドを傷つけられ、腹を立てたが、生々しい感情を表にあらわすことは品位に関わるとして彼女の育ちが許さなかった。彼女は夫に言っていた。「どうぞ、あなたのご自由に。でも、そうなったらホワイトハウスの住人になるってことをお忘れなく、と彼女に伝えてね」。ホワイトハウスで暮らす重圧を知りすぎるほど知っていたジャクリーンは、マリリンでは精神的に耐えられないと知っていた。

マリリンはケネディが大統領を一期務めたら、ジャクリーンと別れ、自分と結婚してくれると信じていた。何人かの友人にも打ち明けている。

きっと私また結婚するわ。
ただひとつ問題なのは、相手が結婚している身だってこと。
ワシントンで政治にたずさわっているのだけど有名な人だから
人目を避けて逢わなきゃならないの。

マリリンは真剣な関係として、ケネディ大統領はいくつかの火遊びのひとつとして、愚かなまでに無邪気に関係を重ねた。

ハッピー・バースデイ、ミスター・プレジデント

マリリンとケネディ大統領について語るときに外せないのが、「ハッピー・バースデイ、ミスター・プレジデント」だ。

一九六二年五月十九日。マディソン・スクエア・ガーデンでケネディ大統領の誕生日祝賀会が開催された。

ケネディの妻、ジャクリーンはマリリンが出席することを知って欠席した。

マリリンはこのイヴェントのために、特別なドレスを用意していた。ハリウッドの衣装デザイナー、ジーン・ルイスが手がけたもので、ベージュの薄い生地に約二五〇〇個のスワロフスキーのクリスタルが縫いつけられていた。マリリンのからだのラインにぴったりとすいつく、第二の肌ともいうべきものだった。

マリリンは最後の未完の映画となる『女房は生きていた』を撮影中で、心身の状態はかなり悪かった。誕生日祝賀会でも緊張のため、強いアルコールを飲んで、ステージ裏で酔っていた。

司会のピーター・ローフォードが言った。

「この誕生会を祝しまして、ご登場願います美しきレディは比類なき美貌にして、時間に正確なる美女、マリリン・モンロー！」

歓声があがった。けれどマリリンは姿を見せない。

やがてほかのスターたちの出番が終わったあと、ローフォードは咳払いをすると、肩越しにマリリンの姿を眼でとらえ、再び言った。

「さて、もはやご紹介するまでもない、と申しあげるだけで充分な女性にご登場願います！」

ふたたびドラムが鳴り響いた。けれど誰も出てこない。

結局マリリンはフィナーレに登場することになった。ラストぎりぎりになって、ローフォードは言った。

「芸能界の歴史はじまって以来、これほど大きな意味をもった女性、これほど大きなことをなしえた女性は、ついにひとりも存在しなかったでありましょう」（ここで観衆はくすくす笑い出す）「大統領」（特に強い調子になっていた）「ザ・レイト・マリリン・モンロー！」（レイトは「遅い」、つまり遅刻常習という意味なのだが、「故」という意味もある。すでに死を暗示しているような紹介だった）。

舞台下でスタッフがマリリンを押すようにして舞台にあげた。

酔いと緊張で、マリリンはあぶない足取りで中央にすすむ。ローフォードが白い毛皮を脱がせる。ヌーディーなドレスがあらわれる。大歓声。ゆっくりとマイクの前に進む。ぽん、と指でマイクをはじく。けだるく甘く、空間に漂うような存在感。深呼吸、少し間がある。

観衆はしんと静まりかえっている。人々はまるで幼い娘の学芸会を見ているようにはらはらしながらその一挙一動を見守っている。

やがて、ハスキーで消え入るような声で、「ハッピー……バースデイ……」と、ほとんど吐息のようにつぶやく。音程もこころもとない。観客は固唾《かたず》をのんで見守る。「トゥー……ユー……。ハッピー……バースデイ……トゥーユー。ハッピー・バースデイ、ミスター・プレジデント……」ここで歓声。「……ハッピー・バースデイトゥーユー」。オーケストラの音が入り大歓声、マリリンも大きなジェスチャー。大歓声。

これはマリリンでなくてはできない、ほかの誰でも不可能な、数分間の奇跡だった。

そして「ハッピー・バースデイ」の歌に新たな意味が与えられた瞬間だった。

ケネディ大統領は言った。「ありがとう。これで、もう私は政界から引退しても思い残すことはありません、こんなにスウィートで、うれしい、ハッピー・バースデイを歌っていただいて」。

その晩、マリリンは大統領のプライヴェートな誕生日パーティーに出席した。深夜、大統領とマリリンはホテルで密会した。これはふたりが逢った最後になった。

伝説となったマリリンの『ハッピー・バースデイ、ミスター・プレジデント』。
ヌーディーなドレス、消え入るようなハスキーな声。
ユーモア、そして、観客を釘付けにする存在感。奇跡の数分間だった。

伝説となった「ハーピー・バースデイ、ミスター・プレジデント」について、数日後、マリリンは言っている。

とても誇らしかった。
あれが私の最後の仕事になったとしても、後悔はないわ。

マフィアの影

マフィアがマリリンに興味をもちはじめたのは、ケネディが大統領になる少し前だった。ケネディとマリリンの情事を嗅ぎつけたのだ。

このころ、「ケネディ」はひとりではなかった。大統領の八歳年下の弟、ロバート・ケネディが「マリリンの男たち」のひとりとなっていた。ロバートは生真面目な性格で、常に兄を守ろうとしていた。マリリンに近づいたのも、もともとは兄との関係をきれいに終わらせるためだった。

ケネディを憎むマフィアにとっては格好の攻撃材料だった。ケネディ兄弟の行動はマフィアに筒抜けだった。ＦＢＩがその情報を大統領に提示した。

ケネディ兄弟はマリリンと関係をもったことを、ようやく後悔しはじめた。マリリンは精神状態がひどく不安定になり、自分自身を抑制することが困難になっていた。冷静に考えれば、マリリンはこのうえなく危険な女だった。

兄弟はマリリンを避けはじめた。

「ハッピー・バースデイ」が五月十九日。マリリンが亡くなるのが八月五日。およそ二ヵ月間、マリリンは彼らの態度が急変したことに苦しみ続ける。兄も弟もマリリンにはっきりと理由を告げないまま、マリリンを断ち切ろうとしていた。

ケネディ大統領との関係、ロバートとの関係については諸説がある。どちらを愛していたとかいなかったとか、そんなことはなかったとか。いずれにしてもマリリンはこの時期、ひどく心悩んでいた。「人を愛する」ことについて、深く悩んでいた。それは確かだった。

このころマリリンは手帳に、フロイトの言葉を書き写している。
「われわれは愛し合っているときほど、苦悩に対する防備がおろそかになることはない。われわれは愛する対象や愛を失ったときほど、不幸なことはない」
余白にマリリンは、自分の言葉を書いた。

愛すること、それはあなたを殺しかねない支配力を相手に与えること。

ゆれ続ける内面

過度の薬とアルコールで心身ともにぼろぼろの状態だったけれど、気分がすっきりしているときなどは知人に、希望に満ちた未来を語った。女優を引退する生活について考えを泳がすこともあった。

ハリウッドから引退して、私を正当にあつかってくれる人と出逢いたいわ。

田舎に住んで生活を根本的に変えたいとも思うの。

そしてマリリンは、アーサー・ミラーとの結婚生活での二度の流産にもかかわらず、子どもを産むことを切望していた。

私もうすぐ三十六になるのよ、ぐずぐずしていられないわ。

内面も揺れ動いていた。詩人のノーマン・ロステンとは落ちついた友情関係を続けていて、あるときふたりは画廊を訪れた。マリリンの目がひとつの彫刻に釘づけになった。それは七年前にロステンとニューヨークのメトロポリタン美術館で観たロダンの作品『神の手』だった。男女が抱擁しているブロンズ像の複製をマリリンは買った。

ほら、このふたり。なんて美しいのかしら。
男は女を傷つけてはいるけれど、彼女を愛したいと思っているのよ。

ロステンは詩人だから、この言葉から、マリリンの内面を痛ましく読みとった。

「彼女はばらばらになりかかっていました」とロステンは言う。

愛の激しさと残酷さ。マリリンがこのふたつを感じとり、見分け、しかも傷つかないようにするにはどうすればいいのか、ロステンにはわからなかった。

ロステンは知らなかった。マリリンとケネディ兄弟との複雑な関係も、マリリンをめぐって黒い勢力がうごめいていたことも、彼らにマリリンが盗聴、尾行されていたことも、知らなかった。

傷ついても惜しみなく与えたい

「結局、彼女は無邪気すぎた」。これはケネディ家やマフィアやＦＢＩなどに巻きこまれて命を失わなければならなかったマリリンに対して、多くの人が言ったセリフだ。

マリリンは、愛されることばかり求めて愛することをしなかった、という人もいる。けれど愛することを知らないひとが「愛すること、それはあなたを殺しかねない支配力を相手に与えること」なんて言葉、書けるはずがない。

マリリンは惜しみなく与えるひとだった。相手のひと言が、するどい弾丸となって胸を撃ち抜くほどまでに、愛してしまうひとだった。そしてそのことをやめようともしなかった。彼女は、そんな自分自身を、絶望のなかで、引き受けていた。

11章　どうか私を冗談あつかいしないで

死に場所となる家

「ハッピー・バースデイ」から五ヵ月ほど時間をさかのぼって一九六二年、最後の年となるそのはじめに、マリリンは自宅を購入していた。ロサンジェルスのブレントウッドのフィフス・ヘレナ通り。平屋で漆喰の白壁、豪邸ではなく、こじんまりとしたメキシコ風の一軒家。死に場所となる家だった。

これを勧めたのは、いまやマリリンの精神的支えのすべてを担っていたグリーンスン医師だった。車を数分走らせればグリーンスン医師の家にも行けて、大統領の義弟である友人のピーター・ローフォードの海辺の邸宅にも行けた。ここではケネディ兄弟が出席するパーティーがしばしば開かれた。

ひとりで家をもつことになるなんて想像もしなかった。
これって夫のいない結婚のようなかんじね。
それにしても私はいつもひとりぼっちだったんだから、
どうして想像できなかったのかしら？

最後の、未完の映画

家を買ったのと同じころ、一九六二年のはじめ、二十世紀フォックスはマリリンに『女房は生きていた』の話をもってきた。

マリリンは脚本を読んでも乗り気にならなかった。けれど、契約上あと二本撮らなくてはならず、早くこのノルマを果たしてしまいたかった。そこで引き受けたものの、心身ともに極限状態にあった。

アーサー・ミラーと離婚し、イヴ・モンタンとは破局、以前より親しくしていたフランク・シナトラは別の女性と結婚した。そこに一九六二年二月、アーサー・ミラー再婚のニュースが飛び込んできた。相手は女流写真家のインゲ・モラスで、彼女とつきあっていることをマリリンは知っていたが、やはり再婚はショックだった。しかも、インゲは妊娠しているというおまけつき。マリリンはアーサー・ミラーとのあいだに子どもを熱望していたから、このショックは大きかった。ケネディ兄弟とも、うまくいかなくなりはじめていた時期だった。


男の人に愛されたい、私もその人を、心の底から愛するように、心の底から愛されたいと願ったわ。

だけどそういうことは起こらなかったの。

私が平気でほかの人たちを待たせるってことをお聞きでしょ。

そのときはどうか思い出して。

私も待っているの。

私はずっと待ち続けてきたのよ。

マリリンは無数の矢を全身に受けていた。あいかわず睡眠薬を飲みすぎて昏睡状態に陥ることもあった。

不安定なマリリン次第の撮影がはじまった。そしてスタッフが心配した通り、マリリンはなかなか撮影所に姿を現わさなかった。精神科医のグリーンスン医師に全面的に依存し、毎日数時間、診察を受けていた。グリーンスン医師の役目は、マリリンの人生、マリリンの苦しみを受けとめて、きちんと撮影に行かせることだった。これが難しかった。

三十五歳の、ヌード写真

ニューヨークで「ハッピー・バースデイ、ミスター・プレジデント」を終えてハリウッドに戻ったマリリンは、華やかな事件を起こした。

五月二十三日。その日は水泳シーンを撮影する予定だった。シナリオでは深夜に全裸で泳ぐことになっていた。マリリンは肌色のビキニでプールに入った。ところが水着を着ているのが見え見えだとカメラマンが言った。

マリリンはジョージ・キューカー監督となにやら相談して更衣室に行った。その間、キューカー監督は見物人をセットから追い出したが、その理由は言わなかった。三人のスチールカメラマンだけがシャッターを押していた。

マリリンがプールからあがったとき、カメラマンは自分が重大なものを撮っていることに気づいた。マリリンは全裸だった。このニュース、マリリンが全裸で演技しているというニュースはたちまち世界に広がった。

マリリンの見事なプロポーションが話題になった。公表されたサイズは九四センチ、五六センチ、八九センチだった。

いままでより、プロポーションもいいの。
いまの私のからだは若いころよりずっと魅力的なのよ。

すべてが映っていたため、マリリンの許可なしに写真は公開できなかった。マリリンはカメラマンたちに言った。

私の望みは、世界中の雑誌の表紙からエリザベス・テイラーをしめ出すことなの。写真は全部見せてちょうだい。気に入ったのを選ぶから、表紙にして。

エリザベス・テイラーがマリリンのライバルだった。彼女はヨーロッパで『クレオパトラ』を撮影中で、注目を浴びていた。もちろん、マリリンの希望通り、すべての雑誌の表紙はエリザベス・テイラーからマリリン・モンローにかわった。

一九六二年六月一日金曜日。マリリンは三十六歳になった。

三十六歳だって、十二歳から十七歳ぐらいの男の子が口笛を吹いてくれるうちはまだまだすてたものじゃないわ。

撮影所で出演者全員がバースデイ・ケーキを用意してマリリンを祝福した。

その夜は、ドジャー・スタジアムで開かれた筋ジストロフィー患者のための慈善競技会に出席した。マリリンはいきいきとした笑顔で、野球帽をかぶり、始球式に臨んだ。輝いていた。

これが人々の前に姿を現わした最後となった。三十六歳の誕生日の夜だった。

最後の二ヵ月、エネルギッシュな活動

そして誕生日の翌週はずっと危険な状態が続いた。精神が不安定で撮影に顔を出すことができなかった。この、最後の二ヵ月は、前述したような、ケネディ兄弟の態度の急変に苦しんでいた時期と重なる。

六月七日。我慢の限界にきた二十世紀フォックスは、ついにマリリンを解雇することと、映画の制作を中止することを発表した。

その数日前、マリリンは記者会見をして言った。

誰も人生と取引きすることはできないわ。

すべてを手に入れながら愛されないということがどんなことだか、みなさんにはおわかりにならないでしょう。

私がこれまで、人生に望んでいたことは、ほかの人たちによく思われ、また私も、その人たちをよく思いたいということだけだったわ。

これって公平な取引でしょう。


解雇されて間もなく、ロバート・ケネディに電報を打っている。パーティーへの出席を断るためのものだったが、その理由として会社側との闘い、俳優の権利というものについて述べている。


残念ながら私は少数派として権利を剥奪《はくだつ》されて、いま反対運動の渦中《かちゅう》にあるの。

残り少ない地上のスターのために私たちが求めるのはただ、光り輝く権利なのよ。

当時のハリウッドは生産工場であり、すべて規格が定められていた。マリリンは規格外のスターだった。

解雇という会社の仕打ちにマリリンはいつまでもくよくよしていなかった。解雇されて二週間も経たない時期、三大雑誌のインタビューと撮影に専念していた。

『ヴォーグ』の撮影では、写真家バート・スターンにヌードを撮影させた。『コスモポリタン』ではジョージ・バリスによる撮影が行われた。

ヌードのマリリンは美しかった。

年齢なんか問題じゃないわ。
現在どのように写真に写るかが大事なの。

私には未来がある。
女なら誰にでも未来があるように、私にもそれがあるのよ。

『ライフ』の記者リチャード・メリーマンの記事は、マリリンが生前最後に彼女の内面を語った言葉として、大きな意味をもつことになった。

当時、映画会社側との確執のなかにいたマリリンは、ハリウッド映画界から離れて、広い視野で今後の人生を眺めていた。ニューヨークのリー・ストラスバーグのもとへ戻ることや、ブロードウェイミュージカルへの出演も考えていた。過去の男性についてや生い立ちのことも語ったが、これからの仕事への意欲、自分がどのように生きてゆくべきなのか、そんな姿が見える。

私はいま、生きているの、仕事に。
ほんとうに信頼できる少数の人たちとのわずかな人間関係のなかで。

ゲーテは言っているわ。
『才能はプライヴァシィの裡《うち》に発展する』って。これは真実。俳優にとって、ひとりきりになることがどんなに必要なことであるか。

私たちが演技をするとき、それはほんの短い間だけれど、
私たちの内面のある種の秘密を世界に公開するような、そんなかんじなのよ。
私の演技を支えているのは感受性で、
それは同時に色々なことにも反応するの。

名声なんて消えるものよ。
だから、名声よ、さようなら。
私も一度は手にしたけれど、私が生きる場所ではないの。

もし、私がスターであるなら、それは一般大衆のみなさんのおかげ。
撮影所や会社なんかではないわ。
みなさんが私をスターにしてくれたの。

マリリンは子どもという存在を愛していた。自分の子どもを欲し、それが叶えられず絶望した。ジョー・ディマジオの息子やアーサー・ミラーの子どもたちのことをとてもたいせつにしていた。


私はいつも言っていたわ。

「相手が大人であなたたちに色々なアドバイスをくれるからって、すぐにその人に感心したりしてはいけないわ。

まず、自分の目でその人をじっと見て、それから自分の判断で決めなきゃだめよ。

私自身についても同じようにしてね。

私が友達としていい人かどうか、ちゃんと自分で判断して決めてね」

これはたぶん私があの子たちに与えたいちばんいい忠告ね。


インタビュー記事のチェックのときには、とくに子どもたちに関するところに気を配った。彼らを傷つけるような言い回しがないかどうか、何度もチェックした。

気になる箇所があると、上手に、しかも誠実に訂正した。

記者のメリーマンは回想する。

「私が最後に行ったときのことですが、彼女はドアまで出てきて、庭に咲いている花のことを話してくれましたよ。私が玄関先の道を歩いていくと、彼女はドアのところに立って私を目で追いかけ、声をあげて、どうもありがとう！　って言うんです。可哀想な気がしてきましてね、ほんとうに胸をうたれました。あのときの彼女は、まるであどけない少女という感じでした」

マリリンは社会的良心というものを強くもっていた。それを支えていたのは知識や教養よりも、彼女が生まれながらにしてもっていた繊細さだった。

私たち人間って、ほんと奇妙な生物だけど、
いつも自分で考える権利をもっているのよ。

さまざまなことを語った『ライフ』のインタビューで、マリリンは最後をこのセリフで終えてほしいと、記者に懇願していた。実際には希望は叶わなかったけれど。

このインタビューを終わるにあたって、
私がほんとうに言いたいと思っていることを言わせてほしいの。
それは、いま世界に必要なのは、ほんとうの仲間意識だということ。
スターも、労働者も、黒人も、ユダヤ人も、アラブ人も、みんなそうよ。
私たちみんな、きょうだいなのよ。
このことこそ、私がいま懸命になって正しく理解しようと努めていることなの。
この言葉で記事をしめくくれば、つぎに何を語り合うべきかという問題に、
みんながとりかかってくれるわ。
どうか私を冗談あつかいしないで。
私が願っているようにインタビューをしめくくって。

このマリリンの言葉は、口先だけのことではなかった。行動を伴っていた。たとえばかつて、歌手のエラ・フィッツジェラルドが黒人であるためにハリウッドのナイトクラブへの出演を拒否されたことがあった。マリリンはクラブのオーナーに直接かけ合い、エラの出演中は毎晩フロント・テーブルに座ることを約束して拒否を撤回させた。もちろん約束は守った。

私はこれから物事をはっきりと、ただしく見つめるわ。
私の内部にある真の核心を見きわめて、
それからあたらしい目で外の世界を見つめるの。
見つめるということは人をそれだけ寛容にするわ。
寛容さは、この世でいちばんたいせつなことのひとつですもの。

終わることに、ある種の安心を感じるの。
走っていて最後の一ヤードを走る気持ち、ゴールに入って、ほっと息をして、

「やったわ！」みたいな気持ちなの。でも、実際には何もやっていないのよ、またはじめからスタートしなくては。

「起こるべくして起こったこと」

このインタビューが行われたのは、七月初旬の数日間。マリリンが亡くなるのが八月五日。およそひと月のマリリンの行動を追ってみる。グリーンスン医師とはほぼ毎日カウンセリングを行っていた。


七月八日、ジョー・ディマジオがブレントウッドの自宅を訪れる。

七月三十日、俳優のディーン・マーティンとコメディ映画の撮影について話し合う。

八月一日、二十世紀フォックスと一作品につき二十五万ドルで契約。

八月三日、新しいミュージカル映画の打ち合わせ。広報担当のパット・ニューカム、ケネディの義弟ピーター・ローフォードと食事。

八月四日、写真家のローレンス・シラーと『女房は生きていた』の写真について打ち合わせ。グリーンスン医師と昼食。ビーチを散歩し、ピーター・ローフォードの家に行く。自宅に戻り、ローフォードの夕食の誘いに断りの電話をいれる。ジョー・ディマジオの息子や友人たちと電話で話す。

ノーマン・ロステンとも話す。ロステンは『ライフ』のインタビューを読んだ感想を伝えた。「とてもよかったよ。自由奔放で、何も失うものなどない、といった口ぶりで話しているところがよかった」。

マリリンは、笑いながら言った。

人はいつだって何かを失っているのよ。
それでも私たちは生き続けなければならない、そうでしょう?

深夜(午後十一時〜午前一時頃と想定)、家政婦のユーニス・マレイによって、寝室で全裸で死亡しているのが発見された。

八月五日に日がかわった午前三時ころ、グリーンスン医師の家の電話が鳴った。広報担当のパット・ニューカムもマリリンの死を確認。警察が呼ばれ、午前五時三十分、遺体が運び出される。検死官トーマス野口博士による行政解剖で自殺と推定、と発表された。検死調書には「睡眠薬の過度の服用による急性中毒死」と書かれた。

状況には不審なところがいくつもあり、当時から他殺の線での捜査の動きもあった。けれど、強大な権力による圧力で捜査は打ち切られた。時が経ち、当時は口をつぐんでいた人たちも証言するようになり、さまざまな新事実が出た。

マリリンの死の真相は。

ケネディ家の人たちに殺されたのかもしれない。マフィアによって殺されたのかもしれない。グリーンスン医師が薬の量をミスしたのだ。家政婦がそれに関係している。

いや、やはりマリリンは自殺したのかもしれない。あるいは自殺するつもりはなかったけれど、睡眠薬の飲みすぎで死んだ、いわゆる事故死だったのかもしれない。

ここではあれこれ詮索はしない。ただ、アーサー・ミラーのコメントは真実に近いことが語られている。

「起こるべくして起こったことだ。いつ、どうして起こったのか私は知らないが、これは不可避的なものだった」

睡眠薬の飲みすぎによる事故死は、いつ起こってもおかしくはなかった。自殺については、この時期のマリリンが未来への希望を語っていたことなどから考えにくいけれど、衝動的にということならありうる。いつか近いうちにマリリンは死ぬ。彼女に近しい人は、誰もが思っていた。ニュースが世界をかけめぐったときも、ほとんどの人たちが「ついに、それが起こってしまった」と思った。

マリリンは一九六二年八月五日に亡くなった。

寝室のベッドで全裸でうつぶせになり、受話器を握りしめていた、とされた。

受話器を握りしめていたというのは、もし誰かが故意にそうしたのだとしても、いかにもマリリンらしい、とみんなが思った。

マリリンは、電話魔だったからだ。

私がいつも頼りにしているのは誰かわかる？
もちろん、見ず知らずの人じゃないし、友達でもないわ。
電話よ。
電話がいちばんの親友なの。
友達に電話するのが好きなの、夜遅く、どうしても眠れないときなどは、とくに。

最後のいくつかの眠れない夜、マリリンは古い友人たちに助けと優しさを求めてダイヤルを回し続けた。けれど、結局誰もマリリンを救うことはできなかった、ということになってしまった。

終章　「美しき魂のシンボル」、マリリン

ひとりの心優しきひと

マリリンの遺体は引き取り手がいなかった。夫も子どももいなかったし、母親は精神病院に入っていた。ジョー・ディマジオがいっさいを引き受けた。
マリリンの家のテーブルの上には「いとしいジョー」からはじまるディマジオへの手紙があった。ほんの書き出し部分だけしか書かれていなかったけれど。

せめてあなたを幸せにすることができるなら、私はこの世で最も偉大で、最も困難なこと、つまり人を完全に幸せにするってことをなしとげられるでしょう。あなたの幸福は私の幸福だから。

ディマジオは、報道関係には固く口を閉ざした。ホテルの部屋で、散乱した弔電を前に男泣きに泣き、マリリンを傷つけた者たちへの怒りを咽喉が破れそうなほどに、激しく口にした。

葬儀が行われる前の晩、ディマジオはマリリンとふたりきりで夜を明かした。

ディマジオは葬儀を小さな内輪のものにすることにした。ハリウッドの人間はすべて拒絶した。マリリンを破滅させた世界の住人だと見なしていたからだった。

礼拝堂に参列を許されたのは三十人に満たなかった。グリーンスン夫妻やストラスバーグ夫妻のほか、ディマジオの判断による、マリリンの力になった人たちばかりだった。リー・ストラスバーグが弔辞を読んだ。

マリリン・モンローは一つの伝説であった。その生涯において彼女は逆境に育った貧しい少女が実現し得たもの、という神話を創造した。全世界にとって、彼女は永遠なる女性の象徴となった。

しかし、私はその神話と伝説を語るべきことばをもたない。

私はこの「マリリン・モンロー」を知らない。

ただ――ひとりの心やさしい人、おのれの感情にしたがい、しかも含羞《がんしゅう》、感受性にとみ、拒まれることをおそれながら、なおも、あくまでわるびれず生き、自己完成にむかったマリリンを知っている。（中田耕治訳）

最後に、パイプオルガンで『虹の彼方に』の演奏があった。映画『オズの魔法使い』の主題歌で、マリリンはこの歌が好きだった。

柩《ひつぎ》の蓋が開けられた。

薔薇色の大理石の柩のなかは、シャンパン色のベルベットが敷かれ、マリリンはお気に入りだったエミリオ・プッチの緑色のドレスをまとって、横たわっていた。胸の上に組んだ手には、ディマジオから贈られた薔薇の小さな花束。

会葬者が手にした花を柩に捧げた。最後にディマジオが泣きながら、何度も何度も「アイ・ラヴ・ユー」を言い、最後のキスをした。

マリリンはウエストウッド・メモリアル・パークに埋葬された。ウォール・クリプトと呼ばれるタイプの墓で、縦横一メートルほどのコンクリートの壁のなかに柩を納めるタイプだ。墓碑には「マリリン・モンロー　1926―1962」とだけ記されている。香典はすべて恵まれない子どもたちの施設に寄付された。

この日から二十年間、週に三度、ディマジオはマリリンの墓前に薔薇の花を捧げつづけた。一九八二年に事情は不明だがこの習慣が打ち切られた。その後は旧友のロバート・スラッツァーが、この習慣を引き継ぎ、白い薔薇を届けた。

純粋な人間だけがもちうる美

三十六歳で、マリリンは死んだ。

なぜか。多くの人が言うように、無邪気すぎたからか、純粋すぎたからか、繊細すぎたからか。

純粋に愛を信じたからか。「人間世界で唯一価値あるもの」として「愛」を信じたマリリンはすべてのことよりも、それを優先させた。

これは愚かなことなのだろうか。無邪気さは、純粋さは、繊細さは愚かなことなのだろうか。だとしたら、それを手放したなら、引き換えに何を得ることができたのか。

映画のマリリン。あのかわいらしさ、セクシーさ、どんな有名俳優をも食ってしまう存在感。未完の『女房は生きていた』のマリリン、あの信じがたいほどの儚さ、壮絶なのに海のように柔らかく深い、美しさ。

「ハッピー・バースデイ、ミスター・プレジデント」のあの数分間。あの夢のような舞台、からだからたちのぼる異様なほどの熱気。あやうく妖しい熱気。

マリリンを絶賛していたフランスの文学者サルトルは言った。

「彼女から発散するのは光ではなく、熱気。それがスクリーンを燃え立たせる」

マリリンはおそらく、多くの人が信じたいものの化身だった。人間の、人間がもちうる純粋な魂の化身だった。それゆえマリリンは人々の夢だった。そして彼女は意識的に美しくセクシーな肉体を惜しみなく与えて、世界中の人を愉《たの》しませた。

ハリウッドの片隅で生まれ育ちハリウッドの片隅で死んだハリウッド女優。

社会の底辺に生を享《う》け、女優を夢見た。そこにいたる道のりは気が遠くなるほどに遠かった。それでも彼女は自力でスターとなった。そしてスターとなってからますます、すばらしい女優になるために努力した。最後の最後まで、そうした。

劣等感と闘い続けた。どんなに「冗談あつかい」されても、諦めなかった。

人生や人間そのものに強烈な不信を抱いて当然の環境に育ちながらも、純粋なままだった。

この世知辛《せちがら》い世の中ではとうてい傷つくばかりで、それでもなんとか生きようとして、美しさを詫びるような微笑をうかべ、最後の最後まで自分に対する自信をもつことがなく、なんとか自信を身につけようと必死になりながらも、やはり劣等感のかたまりだった。

たいていの人は、劣等感と同量の優越感をもっているものだが、マリリンは優越感とは無縁の女性だった。

それが彼女の儚い美しさ、人々の保護本能にうったえかける独特の魅力に通じているのかもしれない。そして劣等感が、スターとなってからも彼女に心優しい慈悲のこころを忘れさせずにいたのだとしたら、すばらしい人間になるための努力を続けさせたのだとしたら、劣等感をもつことは、けっして悪ではない。むしろ美に通ずる。

何人もの男たちから愛されながらも、「継続した関係」を築けなかった。それはどう考えてもやはり、マリリンの人生においてもっとも重要なのはすばらしい女優になることだったからだ。

矛盾するようだが、マリリンは愛し愛されたくて、そのためにも中身のあるすばらしい女優になりたいと考えていた。

彼女は愛することを知らなかった、と言う人がいる。

「愛すること、それはあなたを殺しかねない支配力を相手に与えること」

愛することを知らない人から、こんな言葉は生まれない。

彼女の頭はやはり弱かった、と言う人がいる。

「私はこれから物事をはっきりと、ただしく見つめるわ。私の内部にある真の核心を見きわめて、それからあたらしい目で外の世界を見つめるの。見つめるということは人をそれだけ寛容にするわ。寛容さは、この世でいちばんたいせつなことのひとつですもの」

「人はいつだって何かを失っているのよ。それでも私たちは生き続けなければならない、そうでしょう?」

頭の弱い人間の言葉ではない。

マリリン・モンローは、純粋な人間しかもちえない「美」を惜しみなく与えた女優だった。そしていまも、その甘くてやわらかな肉体、儚く美しい声、そして海のように深い「女性《フェミニティ》」性で、私たちに夢を与え続けている。

マリリン・モンロー。女であることのすべてを使って生きたひと。

マリリン・モンロー。とても繊細で、傷だらけになりながらも真摯に生きたひと。

マリリン・モンロー。劣等感を魅力に変容させたひと。

マリリンの人生に、あらためて思う。

何年生きたかではない。どのように生きたのか、何をなそうとしていたのかが、たいせつなのだと。

いま、私には、マリリンの声が聞こえるように思う。あの甘く儚い声が、耳もとでささやくように思える。「諦めないで」。あのぎこちない、守ってあげたくなる微笑が見えるように思う。潤んだ瞳、まごころのあるまなざしが、優しく、けれど強く、うったえかける。

諦めないで。どうか、人生を、諦めないで。

あとがき

「私のマリリンは自分の期待していたものをどういう男からも与えられた、と私は考える。きみのマリリンは、私のマリリンを越えたセラフィックな女になるだろう」

「マリリンを愛した最初の男《ひと》」中田耕治先生に何度も読んでぼろぼろになった先生のご著書『マリリン・モンロー論考』にサインをいただいたのは、二〇一〇年の九月五日のことです。

先生のマリリンに対するするどい分析、愛撫のようなまなざしには圧倒されるばかり。先生の本は私に真にたいせつなことを教えてくれました。あるひとりの人間を知るために必要なのは情報量ばかりではない。作家としての力と、そのひとに対する愛情の深さなのだと。

中田耕治先生は、日本で最初にマリリンについて書いた作家であり、マリリン関連の文献をたどると、必ず先生の名がありました。マリリンに魅せられた画家、スズキシン一氏は言っています。

「中田耕治はマリリン・モンローの生《エロス》と死《タナトス》（消滅の美学）の極限を、彼の全エネルギーで受けとめている」

マリリン・モンローを書こう、と思ったとき私が躊躇したのは、先生の本の存在があったからでした。けれど、これもなにか意味があることなのでしょうか、幸運にも先生にお会いする機会があり、マリリンについてご相談したところ、先生は、「ぜひ、お書きになってください」とおっしゃっ

て、サインとともに、冒頭の言葉を書いてくださったのです
敬愛する先生に背をやさしく押されて、その日からマリリンとの甘くも苦しい日々がはじまりました。

今回は書き上げるまでに多くの時間を費やしてしまいました。人生が大きく揺れた時期で、何度もマリリンから、いいえ、執筆そのものから離れてしまったからです。ただでさえ執筆対象に感情移入しすぎるというのに、今回はマリリンの「ミスフィッツ」な部分に共鳴しすぎて、マリリンと向き合うこと、そのこと自体が苦しかったこともありました。

そんな私をいつものように、さりげなくも力強くサポートしてくださった担当編集者の岡田晴生さん。ありがとうございました。

最後に。

この一年、とくにミスフィッツだった姉を、文字通り「見守って」くれていた軽井沢の妹に感謝をこめて、本書を捧げます。

二〇一二年　暖かな都会の冬の小さな部屋で

再生版あとがき

「マリリン・モンローという生き方」の出版は二〇一二年の二月。書き上げた時期はもう少し前ですから、あれからちょうど九年が経って、私は「再生版あとがき」を書いていることになります。

出版後の出来事を加えておきます。

序章に二〇一一年のオークションで、白いドレスが四六〇万ドル（当時三億七千万円）で落札されて話題となった、と書きました。

それから五年後の二〇一六年、ケネディ大統領の誕生日祝賀会（一九六二年）で着たドレスが四八〇万ドル（当時五億三千万円）で落札され、さらなる話題となりました。二五〇〇個のスワロフスキーのクリスタルが縫いこまれた薄いベージュのドレスです。

また、二〇一三年にはドキュメンタリー映画『マリリン・モンロー 瞳の中の秘密』

が公開されました（アメリカでの公開は二〇一二年）。

マリリンが残した詩やメモ、手紙などの未公開ドキュメントを集めた本をもとに作られた映画です。原作本のタイトルは『マリリン・モンロー 魂のかけら』、ベストセラーとなりました。自筆がそのまま掲載されていて、乱れた文字や、ぐちゃぐちゃのメモも多く、マリリンは公開されることなど想像もしなかっただろうから、マリリンの気持ちを考えると複雑な想いがあります。

それでも「ああ、やはり」と思えるようなメモが多く、私にとっては貴重な一冊となっています。

たとえば二十九歳、ニューヨークで「新しい女」になろうとしていたころの手帳のあるページ。

「努力しなければ。以下を行う精神力をもたなければ」という言葉の下に「やることリスト」がずらりと並びます。

「レッスンに行く。いつでも私自身のため。間違いなく。アクターズ・スタジオのレッスンを絶対に休まない。できるかぎり勉強する。レッスンの課題を。そしていつも演技のレッスンをする。

自分のまわりを観察する。いままでよりももっとそうする。観察。自分だけではなく他人も、すべてを。ものの価値を見出す。

私がひきずってきた、いま抱えている問題と恐怖症を解決するため、懸命に努力する。もっと、もっと、もっと、もっと。分析治療で努力する。

いつも必ず時間通りに行くこと。遅れてもいい理由なんかない。

できるなら大学の講義をひとつ受ける。文学。ダンスの先生を探す。運動(創造)」

さて、映画は、著名な俳優がたくさん出てきて、マリリンになりかわり、その苦しみや希望を「語る」というスタイル。俳優それぞれが、それぞれのスタイルでマリリンに共鳴しているものだから、緊張感臨場感がラストまで続きます。そして、マリリンの映像もたくさんあるので、観るたびにマリリンに魅了され、涙してしまいます。

今回、再生版を出すにあたり、マリリンとふれあって、しみじみと感じたのは、ひどく単純なことでした。

――マリリンのこと、私、ほんとうに愛おしい。

二〇一七年に大和書房さんから「マリリン・モンローの言葉」を出したときにも、五年ぶりにマリリンにふれて、「私はマリリンが大好きなのです」とあとがきに書きましたが、今回も同じ。「私はマリリンが大好きなのです」。

劣等感を克服しようと懸命だったマリリンが、愛を信じ続けたマリリンが、ユーモラスなマリリンが、最高に女らしいマリリンが、知的なマリリンが、そして、とても繊細なマリリンが、大好きなのです。


本書を読んでくださった方々に、つよく勧めたいことがあります。

先に紹介したドキュメンタリーはじめ、映画やウェブの動画を見ることです。写真だけではわからないマリリンの、スクリーンを発熱させるような、儚いのにどうしようもなく圧倒的なその存在感に、きっと魅入られることでしょう。

本書を読みこみ、マリリンにふさわしい装丁、本文デザインをしてくださったのは荻原佐織さん。

はじめてお会いしたとき、この本を読むまでマリリンがこんなに繊細なひとだとは知らなかったと、胸がしめつけられてマリリンがわたしから離れません、とおっしゃった、そのまなざしに、私のほうが胸しめつけられる想いでした。出会いのたいせつさを痛感するとともに、こころからの感謝を申し上げます。

そして最後に、娘の夢子が設立したひとり出版社「ブルーモーメント」から「マリリン・モンローという生き方」が再生する、大きな、とても大きな喜びの気持ちをここに記して、再生版あとがきを終わります。

二〇二〇年　十一月三日　マリリンの歌声が流れる青い部屋で　山口路子

主な参考文献

「マリリン・モンロー論考　中田耕治コレクション１」
中田耕治著　青弓社　1991年

「マリリン・モンローの生涯
フレッド・ローレンス・ガイルズ著　中田耕治訳　集英社　1974年

「マリリン・モンローの真実　上・下」
アンソニー・サマーズ著　中田耕治訳　扶桑社　1988年

「ドキュメント　マリリン・モンロー　上・下」
中田耕治編　三一書房　1974年

「マリリン」
グロリア・スタイネム著　ジョージ・バリス　写真　道下匡子訳
草思社　1987年

「マリリン・モンローの最期を知る男」
ミシェル・シュネデール著　長島良三訳　河出書房新社　2008年

「マリリン・モンロー大研究」 まつもとよしお著　文芸社　2002年

「マリリン・モンロー」亀井俊介著　岩波新書　1987年

「追憶マリリン・モンロー」 井上篤夫著　集英社文庫　2001年

「マリリン・モンローの男達」 ジェイン・エレン・ウェイン著　戸根由紀恵訳
近代文藝社　1994年

「アメリカでいちばん美しい人―マリリン・モンローの文化史―」 亀井俊介著
岩波書店　2004年

「ブロンド　マリリン・モンローの生涯　上・下」
ジョイス・C・オーツ著　古屋美登里訳　講談社　2003年

「マリリン・モンロー　愛のヴィーナス　デラックスカラーシネアルバム３」
責任編集　日野康一　芳賀書店　1988年

「MARILYN　もうひとりのマリリン・モンロー」 スーザン・バーナード　編
藤井留美訳　同朋舎出版　1993年

「プレイボーイ　総力特集　マリリン・モンロー」 2006年7月号

「アメリカを葬った男」 サム＆チャック・ジアンカーナ　落合信彦訳
光文社　1992年

「究極のマリリン・モンロー」井上篤夫編・著　ソフトバンククリエイティブ　2006年
＊「砂糖菓子が壊れるとき」曽野綾子著　新潮文庫　1971年

✣「マリリン・モンロー　ベストセレクション」
　ビクター　エンタテイメント　1999年(CD)

✣「マリリン・モンロー　LIFE after DEATH」
　ポニー・キャニオン　1994年(DVD)
✣「マリリン・モンロー　ラストシーン」 フォックスビデオジャパン　1992年(VHS)
✣「マリリン・モンロー　最後の告白」アイ・ヴィー・シー　2008年(DVD)
✣「想い出のマリリン・モンロー」日本コロンビア　2002年(DVD)

マリリン・モンロー略年表

西暦	齢	事項
1926年		6月1日　ロサンジェルスに生まれる。
1935年	9歳	孤児院に入り、二年間を過ごす。
1942年	16歳	高校中退。ジム・ドアティと結婚。
1944年	18歳	モデルをはじめる。
1946年	20歳	二十世紀フォックスと契約。 芸名「マリリン・モンロー」に。 ジムと離婚。
1948年	22歳	フレッド・カーガーと出逢う。 演技コーチ、ナターシャ・ライテスと出逢う。
1949年	23歳	ジョニー・ハイドと出逢う。
1950年	24歳	人気急上昇。 ジョニー・ハイド死去。 アーサー・ミラーに出逢う。 『アスファルト・ジャングル』『イヴの総て』
1952年	26歳	ヌード・カレンダー事件。 『ノックは無用』『モンキー・ビジネス』『人生模様』
1953年	27歳	「プレイボーイ」創刊号の表紙に。 『ナイアガラ』『紳士は金髪がお好き』『百万長者と結婚する方法』

1954年	28歳	ジョー・ディマジオと結婚。来日。九ヶ月で離婚。
1955年	29歳	『帰らざる河』『ショウほど素敵な商売はない』 ニューヨークで「マリリン・モンロー・プロダクション」設立発表。 アクターズ・スタジオに通う。 『七年目の浮気』
1956年	30歳	アーサー・ミラーと結婚。 『バス停留所』
1957年	31歳	『王子と踊り子』
1959年	33歳	『お熱いのがお好き』
1960年	34歳	イヴ・モンタンとの恋愛が噂になる。 グリーンスン医師と出逢う。 ジョン・F・ケネディ、大統領に就任。交際が噂になる。 『恋をしましょう』
1961年	35歳	アーサー・ミラーと離婚。 『荒馬と女』
1962年	36歳	ロサンジェルスに自宅を購入。 ケネディの誕生日イベントで「ハッピー・バースデイ」を歌う。 8月5日、自宅のベッドで全裸で死亡しているのが発見される。

本書は2012年2月にKADOKAWA/新人物文庫から刊行された
『マリリン・モンローという生き方』を改題、改稿したものです。

あなたの繊細さが愛おしい

マリリン・モンローという生き方　再生版

2020年12月7日　第1刷発行
2024年10月　第8刷発行

著者　山口路子

発行者　竹井夢子（Yumeko Takei）

発行所　ブルーモーメント
〒150-0002
東京都渋谷区渋谷2-19-15-609
電話　03-6822-6827
FAX　03-6822-6827
MAIL　bluemoment.books@gmail.com

印刷　シナノ書籍印刷株式会社

装丁・DTP　荻原佐織（Saori Ogiwara）［PASSAGE］

表紙写真　Photographed by Milton H.Greene
©2024 Joshua Greene
www.archiveimages.com

表紙イラスト　Emi Ueoka

本文写真　Alamy、Album、Everett Collection、Globe Photos、mptvimages、Newscom、Photofest、PictureLux、Shutterstock、Ullstein bild /AFLO

落丁・乱丁はお取り替えいたします。
ISBN 978-4-910426-00-6